D1993271

Humor

Der lachende Kirchturm
Band 366 · 124 Seiten 5. Aufl.

Henri Fesquet
Ich bin ja nur der Papst
Humor und Weisheit Johannes' XXIII.
Band 377 · 128 Seiten 5. Aufl.

Eugen Skasa-Weiß
So lacht Germania
Band 410 128 Seiten

Emil Waas
Heiteres Schildersammelsurium
Band 438 · 144 Seiten 2. Aufl.

Emil Waas
Als Opas Bart sich vor Erstaunen kringelte
Band 476 · 144 Seiten

in der Herderbücherei

Romane und Erzählungen

Lois Carlson
Arzt im Kongo
Band 385 · · 240 Seiten

Herta Grandt
Eine Handvoll Erbarmen
Band 373 · · · 368 Seiten

Hans Killian
Solange das Herz schlägt
Band 412 · · · 304 Seiten 4. Aufl.

Heilwig von der Mehden
Keiner lebt wie Robinson
Von Verwandten, Bekannten und anderen Leuten
Band 474 · 144 Seiten 2. Aufl.

in der Herderbücherei

Herderbücherei

Band 349

„Was ist das größte Gift für ein Kind?" pflegte vor einigen Jahrzehnten ein Professor der Kinderheilkunde seine Studenten zu fragen, und er erwartete die Antwort: das Eiweiß. „Und welches ist die größte Gefahr für ein Kind?" „Die Großmutter", hatte der Kandidat zu antworten, wollte er nicht in Ungnade fallen.

Inzwischen weiß jeder, daß Eiweiß lebensnotwendig ist. Aber Großmütter?

Dieses Buch erzählt liebevoll und in herzerfrischender Sprache, was es mit dem Großmutterstande auf sich hat: wie man hineinkommt, welchen unvermeidlichen Problemen man sich ausgesetzt sieht und wie man die vielfältigen Erwartungen, Anforderungen und Aufgaben einer Großmutter mit Takt und Bravour erledigen kann; auch wenn man ganz besonders moderne Schwiegertöchter und Schwiegersöhne hat, die ihre Kinder nach den letzten Erkenntnissen der Psychologie erziehen.

So wird Margot Benary-Isberts unterhaltsamer, zuweilen besinnlicher, immer aber humorvoller Erlebnisbericht um ihren ersten Enkel David sogar zu einer sehr klugen „Elternschule" für Großmütter, die aber auch alle Großväter, Schwiegertöchter und Schwiegersöhne interessieren kann: sie alle können hier von einer leibhaftigen Großmutter, die dazu eine erfolgreiche Schriftstellerin ist, erfahren, was eine Großmutter bewegt, die das Herz auf dem rechten Fleck und einen gesunden Menschenverstand hat.

Margot Benary-Isbert

Die Großmutter und ihr erster Enkel

Herderbücherei

Veröffentlicht als Herder-Taschenbuch
Lizenzausgabe des
„Ernst Heimeran Verlages, München“
Vignetten: H. O. Buchner

Umschlagzeichnung: Gyde Schießle-Schröder

1. Auflage September 1969
2. Auflage Mai 1971
3. Auflage September 1972
4. Auflage Januar 1974
5. Auflage März 1975

Alle Rechte vorbehalten — Printed in Germany
© Ernst Heimeran Verlag, München 1957
Herder Freiburg · Basel · Wien
Freiburger Graphische Betriebe 1975
ISBN 3-451-01849-7

Meinen Enkeln
David, Norman und Alan

Inhalt

Kleine Kulturgeschichte des Großmutterstandes

Wennschon man nicht behaupten kann, jede Großmutter sei eo ipso ehrwürdig, so wird man doch zugeben müssen, daß der Großmutterstand als solcher ein ehrwürdiger ist. Er ist in der Tat einer der ältesten Stände überhaupt, eines der elementaren menschlichen Verhältnisse, das dem Mutter-Kind-Verhältnis kaum nachsteht.

Man könnte sagen: im Anfang war die Großmutter. Denkt nur an die primitiven Kulturen, die den Wurzeln des Daseins noch enger verhaftet sind. Sie haben noch heute und hatten in Urzeiten allgemein ein tiefgründiges Wissen von der Bedeutung der alten Frau, der Familien- und Stammesmutter, die souverän die Geschicke der Sippe bestimmte. Der Vater ist auf dieser frühen Kulturstufe, die sich auf abgelegenen Plätzen unserer Erde noch in Fragmenten erhalten hat, der umherschweifende Jäger, der Fischer, der Seefahrer und Krieger. Er mag zurückkehren (oder manchmal auch nicht) aus dem Wald, vom Meer, von der Schlacht — das Bleibende, Beständige sind die Mütter. Die Ahne ist immer da. Ihr gehören das Feld und seine Früchte an. Sie übt den Fruchtbarkeitszauber aus. Mit ihrem Reichtum an lebenslanger und ererbter Erfahrung, ihrem Wissen um Überlieferung und Brauch wacht sie jederzeit über das ihr Zugehörige. Bei ihr ist Rat, Trost, Hilfe und Heil. Dafür muß man ihr gehorchen, das versteht sich von selbst. Der Mann mag sich Häuptling nennen lassen, das Wort der Stammesmutter hat trotzdem mehr Gewicht als das seine. Sie ist magisch den Gewalten der Natur verbunden. Sie lenkt die Gegenwart und schaut in die Zukunft. Sie vollzieht die geheiligten Riten bei der Geburt. Sie wählt auch den Namen für das Neugeborene, oder vielmehr sie versucht, ihn zu erraten. *Den* Namen nämlich, den richtigen, angemessenen, der niemals etwas Zufälliges oder Willkürliches ist. Sie schlichtet Streit, heilt Krankheiten, wendet bevorstehendes Unheil ab.

In Neuguinea bestimmt die Großmutter, wann es Zeit ist, den Kopf des Enkels zwischen Brettchen zu schnüren, damit er den dort als Schönheitsideal geltenden Eierkopf entwickelt; in Westafrika, wann die Oberlippe des kleinen Mädchens für den Lippenpflock durchbohrt werden muß, ohne den sich eine anständige Frau nicht sehen lassen kann. Die Großmutter weiß, was sich ziemt, was vor bösen Geistern schützt, was den Enkel erst zum vollwertigen Mitglied der Gemeinschaft macht. Auflehnung gegen ihr Wort würde den Bruch jeglichen Herkommens und Ausschluß aus der bergenden Gemeinschaft der Sippe, des Stammes bedeuten. Mit anderen Worten: schutzloses Preisgegebensein gegenüber den Gewalten der Natur, denen nur die Ahne aus überlieferter Erfahrung zu begegnen weiß.

Überall in der Welt, auch in mittlerweile längst betont vaterrechtlich gewordenen Gemeinschaften, sind Spuren der Ehrfurcht vor der Großmutter noch zu finden. Nur in den abendländischen Zivilisationen beginnt sich ihr Einfluß mehr und mehr zu verwischen, in demselben Maße, in dem sich die Bande der Familie überhaupt lockern, womit wir uns immer weiter von den Wurzeln des Seins entfernen.

Wie ist es in Japan, wo der Mann soviel mehr gilt als die Frau? Da gelangt die Großmutter nach einem Leben in Demut und Dienstbarkeit spät noch zu hohen Ehren. Die Kinder des Sohnes, der traditionsgemäß seine junge Frau ins elterliche Haus bringt, unterstehen genau wie die Schwiegertochter ihrer Gewalt. Sie entscheidet in allen Erziehungsfragen. An diesem Rest mutterrechtlicher Gepflogenheiten sind viele Ehen westlich erzogener Japaner (und früher auch solche von Chinesen) mit Europäerinnen und Amerikanerinnen gescheitert. Sobald der junge Ostasiate in sein Elternhaus zurückkehrt, erkennt er fraglos die Autorität der Mutter an, wie viele abendländische Ideen er auch im Ausland in sich aufgenommen haben mag. Tradition ist ein starkes Band. Die Großmutter erweist sich als unbesiegbare Macht.

Und wie begrüßte der achtjährige Wolfgang Goethe zum Jahreswechsel 1757, also vor über 200 Jahren, seine Großmutter — „mit den Gesinnungen kindlicher Hochachtung und Liebe"?

„Erhabne Gros Mama,
Des Jahres erster Tag
Erweckt in meiner Brust ein zärtliches Empfinden,
Und heißt mich ebenfalls Sie ietzo anzubinden
Mit Versen, die vielleicht kein Kenner lesen mag . . ."

Ich halte jede Wette, daß mich nie ein Enkel „Erhabne Gros Mama" titulieren wird, und ob einer mich jemals mit Versen anbinden wird, bleibt abzuwarten.

Aber wir brauchen gar nicht so weit in die Vergangenheit zu schweifen, um Beispiele für die

Bedeutung der Großmutter zu suchen. Wie war es vor einhundert, wie war es noch vor fünfzig Jahren bei uns?

Wenn ich nur an meine eigene Großmutter denke! Ihre bescheidene Witwenwohnung in Wiesbaden war und blieb bis zu ihrem Tode das Zentrum der großen Familie. Hierhin brachten die Söhne ihre Bräute zur Begutachtung; hier wurden alle wichtigen Familienangelegenheiten vorgetragen und besprochen. Das sonnige Wohnzimmer mit den schlichten Biedermeiermöbeln kam uns Kindern wie der Thronsaal einer Regentin vor, und wenn wir auch zuweilen eine gewisse Auflehnung gegen diese unanfechtbare Autorität fühlten, so hätten wir doch nie Widerspruch zu äußern gewagt. Nach Großmutters Ansicht gab es nur *eine* Art, Kinder zu erziehen. Unnötig zu sagen, daß wir danach erzogen wurden.

Wie genau erinnere ich mich des Zeremoniells, mit dem Großmutters emeritiert in Wiesbaden lebender Schwiegersohn ihr täglich Schlag zwölf seine Aufwartung machte, wenn er aus dem Lesesaal des Kurhauses zum Mittagessen nach Hause ging. Obwohl jeder wußte, wann er zu erwarten war, und obwohl man seinen etwas schweren Schritt immer schon auf der Treppe hörte, meldete ihn Großmutters Jeanette doch stets feierlich an: „Der Herr Rat, Frau Rat.“

Er kam herein, etwas steifbeinig schon, stellte den Stock mit der Elfenbeinkrücke in die rechte Ecke neben der Tür, legte seine grauen Handschuhe über die Krücke, stülpte den steifen grauen Hut Goethen oder Schillern über den Kopf, deren Bronzebüsten auf dem Bücherschrank standen, rechts und links der vergoldeten Pendüle, die durch einen Glassturz vor Staub geschützt war. Sodann überreichte er je nach der Jahreszeit ein Sträußchen von Frühlingsblumen, eine Rose oder ein paar Astern und beugte sich zur Begrüßung über die Hand der Frau Mutter, die er natürlich siezte.

Sie erwiderte seinen Gruß in gemessener Freundlichkeit, kerzengerade auf ihrem hochlehnigen Stuhl am Fenster sitzend, das schwarze Spitzenhäubchen auf dem dünn gewordenen weißen Haar, die blauen Augen so hell und scharfblickend wie eh und je. Wir Kinder nannten sie beileibe nicht Oma, wie das später üblich wurde. Sie hätte das höchst salopp gefunden. Sie war die Großmama, und es bedeutete wohl schon ein Zugeständnis an die neue Zeit, daß wir sie du nennen durften.

Auch in anderen Familien gab es solche Großmütter, ja man kann sagen, daß sie die Regel waren. Mein Schwiegervater erzählte mir, das einzige Mal in seinem Leben, daß er sich gefürchtet habe, sei damals gewesen, als er bei den Großeltern seiner Frau (ihre Eltern waren früh gestorben) um ihre Hand anhalten mußte. Der Großvater Birkett, anglikanischer Geistlicher in Great Haseley bei Oxford, war ein überaus gütiger alter Herr, Nachfahre vieler Generationen von Pfarrherren. Die Großmutter dagegen hatte es weniger mit der christlichen Milde. Sie führte ihre Abstammung in gerader weiblicher Linie auf Eduard II. zurück, und ihre Erziehungsgrundsätze, was ihre drei Enkelinnen betraf, scheinen geradezu an mittelalterliches Hofzeremoniell erinnert zu haben. Niemals durften sich die Mädchen in ihrer Gegenwart ohne besondere Aufforderung setzen, und wenn sie sich setzen durften, dann war es keinesfalls erlaubt, sich anzulehnen. Kein Wunder, daß ein junger Mann mit Heiratsabsichten die strenge Prüfung fürchtete, der ihn diese Dame unterziehen würde.

Ja, das waren noch Zeiten!

Bei uns hat niemand um die Hand unserer Tochter angehalten, die Tatsache der bevorstehenden Heirat wurde uns per Telegramm von Kalifornien nach Westdeutschland mitgeteilt.

Und nun bin ich also selbst eine Großmutter. Freilich trage ich kein Spitzenhäubchen, throne nicht auf einem Lehnstuhl am Fenster, empfange nicht den feierlichen Besuch des Schwiegersohnes, und es werden auch keine Familienkonzilien bei mir abgehalten, obwohl ich jetzt auch in Kalifornien lebe, etwa in der gleichen Entfernung vom Wohnsitz der Kinder wie Frankfurt von Wiesbaden.

Was ist eigentlich aus dem Stand der Großmütter geworden? fragt man sich. Ist er, wie so viele altehrwürdige Einrichtungen, im Verfall? Oder hat sich da nur eine Form gewandelt, wie ja alles dauernd im Wandel begriffen ist?

Eines steht fest: wenn wir uns umschauen, dann finden wir nur noch selten die Großmutter als hilfreichen Hausgeist in der Familie verheirateter Kinder. Der knappe Wohnraum trägt dazu bei, und außerdem heißt es jetzt, alt und jung paßten nicht zueinander. Die Jungen fühlten sich beengt und behindert von der ständigen Gegenwart der Mutter. Und diese selbst hat auch kaum mehr die Möglichkeit, die Enkel in Muße heranwachsen zu sehen, da das „gesicherte Alter“ für die meisten eine schöne Sage geworden ist. Wie oft hat die Großmutter, besonders wenn sie allein geblieben ist, noch einen Beruf. Wenn es zutrifft, daß die Kinder ihrer nicht mehr bedürfen, so trifft es auch zu, daß sie selbst zögern würde, ihre Selbständigkeit aufzugeben. Trotzdem meinen wir, daß sie auch als Großmutter noch ihre Funktion hat.

Mag sein, daß es etwas zu bewahren gilt, was im ständigen Fluß des Lebens verlorenginge, wenn sie nicht die Hände darüber hielte. Mag sein, daß Kinder und Enkel sie doch noch brauchen, wenn auch auf andere Weise als früher. Sie selbst wird dabei zu begreifen haben, daß ihre Stellung innerhalb der Familie eine andere ist als in vergangenen Zeiten. Mit gelassener Heiterkeit wird sie aber auch bedenken, daß die heutigen jungen Eltern, die sich über die altmodischen Lebens- und Erziehungsgrundsätze so erhaben dünken, sicherlich nicht so prächtige, tüchtige Leute hätten werden können, wäre ihre Erziehung seinerzeit so von Grund auf verkehrt gewesen, wie es die populäre Psychologie sie glauben machen will.

Genug, ich bin eine Großmutter, und ich weiß, daß alles anders geworden ist, als es in meiner Jugend war. Ich weiß aber auch, daß es Regeln gibt, die heute gelten, wie sie gestern galten und übermorgen gelten werden; simple Grundregeln, ohne die wir nicht auskommen können, solange wir in einer menschlichen Gesellschaft leben.

Es ist gut, wenn wir es fertigbringen, diese Regeln und unsere Ansichten darüber nicht an die große Glocke zu hängen. Es ist ja nicht nur das gesprochene Wort, das sich auswirkt. Auch Schweigen hat seine Wirkung; die lautlose Sprache der

Liebe und Geduld, die stumme Beharrlichkeit, das wortlose Beispiel.

Um aber den Wechsel der Zeiten deutlich zu machen, habe ich Briefe aus drei Generationen einer Familie aufgezeichnet, wie sie gewiß so oder ähnlich in den Schubladen mancher alter Schreibtische zu finden sind. Die hier übermittelten habe ich nach bestem Wissen rekonstruiert. Die Originale, wenigstens die der beiden älteren Generationen, wurden mit vielen anderen Papieren am letzten Abend vor unserer Flucht in dem großen Kamin unseres alten Hauses in Thüringen verbrannt.

Die Tochter teilt es ihr mit

Frankfurt am Main, den
12. April 1889.

Meine liebe und verehrte Schwiegermama!

Wir danken Ihnen für Ihren liebevollen Brief und sind bestürzt, daß Sie sich über meine leichte Unpäßlichkeit bei unserem Besuch am vorigen Sonntag alteriert haben. Ich beeile mich, zu versichern, daß kein Grund zur Besorgnis ist und bitte Sie dringlichst, keinen Schatten Ihre Heiterkeit trüben zu lassen. Wir sind wohlbehalten wieder in Frankfurt angelangt, und eine Droschke brachte uns vom Bahnhof in unsere Wohnung. Hoffentlich haben Sie selber den Anfall Ihres Rheuma, der Sie vor einer Woche plagte, inzwischen mit Hilfe der guten Kochbrunnenbäder ganz überwunden.

Wenn ich noch einmal auf meine unwichtige Person zurückkommen darf, so nur, um Ihnen zu sagen, daß meine Magenverstimmung, oder wie man es sonst nennen will, in keinem Zusammenhang stand mit dem köstlichen Fischgericht, womit uns die liebe Paula bewirtete. Vielmehr ist sie als Zeichen einer überaus beglückenden Neuigkeit anzusehen. Gestern hat mir unser Sanitätsrat bestätigt, daß ich guter Hoffnung bin.

Ja, verehrte Schwiegermama, Sie sind natürlich die erste, der wir diese frohe Botschaft mitteilen. So Gott will, werden Sie noch im Laufe dieses Jahres Großmutter werden. Ich hoffe und bete, ein gesundes Enkelkind in Ihre Arme legen zu können, wenn Sie, wie im vorigen Jahr, Adolph und mir die Freude machen werden, das Weihnachtsfest mit uns zu verbringen. Auch meine liebe Schwägerin Paula wird sich, dessen sind wir sicher, mit uns auf ihren ersten Neffen oder ihr erstes Nichtchen freuen.

Sie beide können ermessen, wie glücklich Adolph und ich sind, nach fast einjähriger Ehe Ihnen diesen Herzenswunsch erfüllen zu können. Ich küsse Ihre Hand und bin mit respektvollen Grüßen, denen sich auch mein lieber Mann anschließt,

Ihre gehorsame Schwiegertochter
Antonie.

Wiesbaden, den 15. April 1889.

Liebe Tochter!
Gestern brachte mir die Post Deinen Brief mit der frohen Nachricht, und sogleich muß ich Dir und Adolph schreiben, in welch freudige Erregung dieselbe mich und Paula versetzt hat. Oh, mein geliebtes Kind, welch ein Segen! Und doch, wie sehr empfinde ich neben dankbarer Freude auch die Gefahren dieser vor uns liegenden Monate! Schone Dich nur recht. Deine Gesundheit ist jetzt mehr als je von größter Wichtigkeit für die ganze Familie. Du mußt viel liegen, darfst Dich nicht bücken, nichts heben, nie ohne Fußbank sitzen und unter keinen Umständen lange stehen. Vermeide jede Alteration und den Anblick unerfreulicher oder gar grauenerregender Dinge, damit Du Dich nicht versiehst. Lies keine Zeitung, da man in den Gazetten heutzutage leider nur zu leicht auf Begebenheiten stößt, die einer werdenden Mutter unzuträglich sein könnten. Vor allem aber verbiete, ich bitte Dich dringlichst, Deinem Jahnchen die Erörterung von Schauergeschichten und Moritaten, zu denen das gute Wesen leider eine Neigung hat. Mit Entsetzen denke ich daran, wie sie einmal zu Dir ins Zimmer kam, als Adolph seinen Kegelabend hatte, und in dem Wunsch nach Unterhaltung

anhub: „Frau Doctor, hawwese schon emal Ein köppe seh? — Ach, gar zu gern mecht ich emal Ein köppe seh!“ — Eine bedauerliche Entgleisung, die man ihrer Unbildung zugute halten muß, die sich aber unter den gegebenen Umständen keinesfalls wiederholen darf.

Den folgenden Satz lies bitte Deinem Mann nicht vor, ich müßte sonst fürchten, undelikat zu erscheinen. Laß Dir recht bald einen guten, verstellbaren Schnürleib nach Maß anfertigen, damit Deine Figur keinen Schaden leidet.

Lächeln mußte ich, daß Ihr, meine guten Kinder, glaubt, ich könnte bis Weihnachten warten, mein erstes Enkelkind in die Arme zu schließen. Außerdem ist meine und Paulas Gegenwart bei diesem Ereignis auch unbedingt nötig. Wie brav und tüchtig Dein Jahnchen auch sein mag, ein Haushalt bedarf der Hausfrau, Du und das Kindchen bedürfen sorgsamster Pflege und Adolph seiner gewohnten Ordnung und Behaglichkeit. Für letztere wird Paula sorgen, und ich kann mich dann ganz der Wochenstube widmen.

Schon bald werde ich anfangen, nach einer geeigneten Amme mit vertrauenerweckenden Eigenschaften des Leibes und Charakters Ausschau zu halten, der wir unbesorgt das kostbare kleine Wesen an die Brust legen können und die dann unter meiner Anleitung seine körperliche Pflege übernehmen wird.

Die Frau Landeshauptmann Gerstenberg bemerkte bei unserem letzten Whistkränzchen, daß die Spreewälderinnen zweifellos die beste und reichlichste Milch hätten. Unter uns gesagt ist die gute Gerstenberg immer etwas exzentrisch gewesen. Ich brauche wohl nicht zu sagen, daß ich einer Amme aus unserem benachbarten Rheingau, Taunus oder Westerwald den Vorzug geben würde. Es würde mir denn doch widerstreben, mein Enkelkind von einer Norddeutschen nähren zu lassen. Weiß man denn, welche Eigenschaften sich durch die Muttermilch übertragen könnten? Vergessen wir doch nicht, daß mein seliger Gatte, der Herr Hof- und Appellationsgerichtsrat, lieber den Dienst quittierte, als die Stelle anzunehmen, die ihm die Preußen anboten, nachdem anno 66 unser guter Herzog Adolph von Nassau uns verlassen mußte.

Ich umarme Dich und meinen lieben Sohn in dankbarer Freude. Gott schütze und behüte Euch, meine Kinder! Paula schließt sich meinen Wünschen und Grüßen an. Sie hat bereits zu stricken angefangen!

Eure getreue Mutter
Margaretha Isbert.

Frankfurt am Main, den 20. Januar 1921.

Liebe Schwiegereltern!
Nachdem sich unsere Erwartung bestätigt hat, will ich Euch gleich die große Neuigkeit mitteilen: Ihr werdet diesen Sommer Großeltern werden! Ben und ich freun uns unbeschreiblich, und ich weiß, Eure Freude wird genauso groß sein wie die unsere. Es geht mir großartig, ich bin nur schrecklich verschlafen. Mein Mustergatte schleicht sich früh auf Zehenspitzen aus der Wohnung, um meinen Murmeltierschlaf nicht zu stören, und meine Perle Gertrud sorgt dafür, daß der Haushalt reibungslos läuft und ich bis zehn im Bett bleiben kann. Dann hülle ich mich in den bezaubernden rosa Morgenrock, den mir der Papa voriges Jahr von seiner Kur in Karlsbad mitbrachte, schreibe ein paar Briefe, bespreche mit Gertrud den Küchenzettel und beschäftige mich mit dem Nähen und Stricken von allerhand winzigen Kleidungsstücken, bis Ben zum Essen heimkommt. Er ist rührend besorgt um mich. Abends führt er mich immer eine Stunde im benachbarten Park spazieren, und wenn wir dann nach Hause kommen, liest er mir aus der „Psychologie der frühen Kindheit" von Clara und William Stern vor. Ein sehr interessantes Buch.

Sobald die kritischen ersten drei Monate vorbei

sind, soll ich mich etwas mehr bewegen, hat der Professor gesagt. Ich werde dann täglich einige von ihm vorgeschriebene Turnübungen machen, damit sich die Bauchmuskeln kräftigen.

Wenn das Baby im August kommt, können wir vielleicht im September zu Deinem Geburtstag, liebe Mama, nach Erfurt kommen, um Euch das neue Familienmitglied vorzustellen. Da ich natürlich stillen werde, sind wir der Sorge des Milchwechsels überhoben.

Herzlichste Grüße von Ben und mir,
Eure glückliche
Margot.

PS. Sie wird Cordula und er wird Thomas heißen.

Erfurt, den 25. Januar 1921.

Liebe Margot!
Papa und ich sind überglücklich über Deinen Brief. Ich habe sofort bei Fräulein Mollinger eine Babyausstattung bestellt, plage Dich also nicht zu sehr mit Stricken und Nähen. Das gebückte Sitzen ist nicht gut für Dich. Außerdem habe ich gestern an Schwester Marie Engel geschrieben,

um zu fragen, ob sie im August frei ist. Du weißt, daß sie alle jungen Mütter und neugeborenen Babys in unserer großen Familie seit vielen Jahren aufs beste betreut. Man kann sich nicht früh genug ihrer Hilfe versichern. Nicht auszudenken, wenn es einer der zahlreichen Cousinen einfallen würde, etwa zur gleichen Zeit wie Du niederzukommen! Ich werde keine ruhige Minute haben, ehe ihre Zusage eingetroffen ist. Macht Euch um die Kosten keine Sorge, der Papa bezahlt alles.

Sobald die Antwort von Schwester Marie da ist, mußt Du ihr selbst schreiben, zu welchem Zeitpunkt Du sie dort haben willst. Ich rate Dir, sie mindestens vierzehn Tage vor dem vermutlichen Termin kommen zu lassen, damit sie den Haushalt kennenlernt und seine Leitung übernehmen kann während der zwei Wochen, die Du in der Klinik sein wirst. Nach Deiner Rückkehr in Euer Heim muß sie dann noch mindestens vier Wochen bleiben, denn so lange bist Du Wöchnerin und bedarfst absoluter Schonung.

Und nun beschwöre ich Dich, vorsichtig zu sein, mein liebes Kind. Der Gedanke an Turnübungen verursacht mir Beklemmungen. Diese modernen Ärzte haben sonderbare Ideen. Es würde mich nicht wundern, wenn sie nächstens eine werdende Mutter wandern und schwimmen ließen. Ich rate Dir, liege viel, hüte Dich vor steilen Treppen, und fahre unter keinen Umständen mit der Straßenbahn.

Der Papa schickt mit mir seine allerbesten Wünsche für Dein Wohlergehen und für die Erfüllung unserer Hoffnungen. Dir und Ben herzlichste Grüße

von Eurer Euch liebenden
Mama.

Oberes Yosemite-Tal, August 1953.

Geliebtes Mu,
das genaue Datum kann ich hier in der Wildnis nicht ermitteln. Wir haben es herrlich in unserem Zelt, gerade unterhalb des großen Wasserfalls, weitab von dem üblichen Touristenverkehr. Man schläft großartig auf den aufgeblasenen Gummimatratzen, die wir uns von Eurem vorigen Weihnachtsgeld gekauft haben, besonders wenn man tagsüber ordentlich gelaufen ist. Mehr als zehn Meilen pro Tag wandern wir allerdings dieses Jahr nicht. Wir machen es ganz gemütlich, ohne bergsteigerischen Ehrgeiz. Ich erwarte nämlich ein Baby. Schön, nicht? Dir und Vater tausend Grüße von Jan und

Eurer Cordula.

Sobald wir in den Park hinunterkommen, wird die Karte eingeworfen.

Wilmette, Illinois, den 30. August 1953.

Mein liebstes Kind,
Vater und ich freuen uns so sehr über Deine Nachricht, wenn mich auch bei dem Gedanken an Wasserfall und Luftmatratzen ein Schauder faßt.

Alles, was recht ist, aber das scheint mir für eine werdende Mutter doch etwas zu weit zu gehen, selbst in dieser Zeit, in der man mit nichts mehr viel Umstände macht, nicht einmal mit anderen Umständen. Warum ich von dieser aufregenden Neuigkeit erst jetzt erfahre, ist mir sonnenklar: hätte ich es vorher gewußt, so hätte ich natürlich alles getan, um Euch dieses leichtsinnige Unternehmen auszureden. Da es wahrscheinlich doch nichts genutzt hätte, brauchen wir uns nicht weiter darüber zu unterhalten.

Vielleicht bist Du so freundlich, mir gelegentlich den Termin des frohen Ereignisses mitzuteilen. Vater hat sich, selbstlos, wie er ist, bereit erklärt, mich für so lange zu beurlauben, wie Du meine Hilfe brauchen wirst. Es scheint, daß junge Mütter hier nur kurz in der Klinik bleiben. Aber auch von ihnen wird ja niemand erwarten, daß sie sich, wenn sie mit dem Baby heimkommen, in ihrem mädchenlosen Haushalt gleich wieder in die Arbeit stürzen. Da werde ich dann also zur Stelle sein, um dich und das Winzige nach altbewährten Methoden zu pflegen und Dir alle Arbeit abzunehmen.

Ich umarme Dich und wünsche, Du wärst erst wieder unbeschädigt 'runter von Deinem Wasserfall. Dir und Jan alles erdenkliche Gute von Vater und

Deiner recht besorgten
Mutti.

Oxnard, Kalifornien, den 7. September 1953.

Mein gutes Muttilein,
wir *sind* unbeschädigt wieder 'runter, und es waren die herrlichsten Ferien, die wir je hatten. Inzwischen wird Dir Vater, wie ich ihn kenne, sicher klargemacht haben, daß ein ganz hoher Prozentsatz von jungen Frauen die moderne Art der Behandlung in Schwangerschaft und Wochenbett (haha, Bett!) lebend und sogar gesund übersteht. Wo kämen wir hin, wenn wir uns benehmen wollten, wie Ihr es in früheren Zeiten tatet! Wir haben keine permanente Perle, wenn wir aus der Klinik zurückkommen, das stimmt, und nicht einmal eine kometenhaft auftauchende stundenweise Hilfe. Also heißt es: zurück zur Natur!

Du, als alte Ethnologin, wirst ja wissen, wie sich die Indianerinnen in diesem Fall verhielten: 'runter vom Pferd, Kind bekommen, wieder 'rauf aufs Pferd, und hinter den anderen her. Soll großartig funktioniert haben.

Jan und ich sind tiefgerührt über das Angebot Deiner Hilfe. Aber hör mal zu, mein Gutes, ich weiß doch, wie sehr Vater Dich entbehren würde, und ganz ehrlich gesagt, ist dieses Opfer auch nicht nötig. Heutzutage und hierzulande macht man das nämlich so: der Vater des Kindes nimmt sich bei der Gelegenheit zwei Wochen Ferien, und wenn Mutter und Baby nach vier Tagen aus der Klinik kommen, versorgt er sie beide. Wenn wir, wie gesagt, auch kein Mädchen und keine Pflegerin haben (wer kann sich das leisten?), so haben wir dafür den höchsten Lebensstandard der ganzen Welt, will sagen, alle erdenklichen mechanischen Hilfsmittel, die es nur gibt, von der automatischen Waschmaschine angefangen, die in einer halben Stunde die Windelwäsche bis zum Aufhängen erledigt, ohne daß man mehr zu tun braucht, als auf einen Knopf zu drücken. Und auf Knöpfe drücken, das wirst Du zugeben, kann auch ein ungeschulter Mann.

Jan aber wird nicht ungeschult sein. Von nächster Woche an nehmen wir einen Kursus in Säuglingspflege, woran sich noch zwei befreundete

Ehepaare in der gleichen Lage beteiligen. Außerdem studieren wir jetzt allabendlich zusammen das grundlegende Buch von Dr. Spock über Baby- und Kleinkindbehandlung. Wir werden also bestens vorbereitet in die Elternschaft hineingehen.

Daß wir dabei allein sein wollen, hat vor allem psychologische Gründe. Vater, Mutter und Kind müssen in diesen ersten Lebenswochen schon eine Einheit werden. Die Väter bekommen ein ganz anderes Verhältnis zu ihrem Sprößling, wenn sie ihn selbst baden, trockenlegen, pflegen und der Mutter zum Trinken ans Bett bringen, solange sie sich noch etwas schonen muß. Die Nächte sind natürlich etwas unruhig, das läßt sich nicht vermeiden, denn heutige Babys bekommen zu trinken, sooft sie danach verlangen, Tag oder Nacht — und wie würde sich das mit Deinen altbewährten Methoden vertragen?

Überhaupt wirst Du in vielem anderer Ansicht sein als wir, und schon hätten wir, bei aller gegenseitigen Höflichkeit, eine gewisse Spannung, die dem Kind schaden würde. Säuglinge müssen besonders in den ersten Wochen von absoluter Harmonie umgeben sein, damit sie das Gefühl von Geborgenheit bekommen, das für ihr ganzes späteres Leben so wichtig ist. Ich weiß, Ihr habt Kinder brüllen lassen, bis die vorgeschriebene Zeit ihrer Fütterung da war, und wart stolz darauf, wenn sie sich möglichst schnell an ihren, das heißt an Euren Stundenplan gewöhnten. Das ist gänzlich überholt. Und so vieles andere auch, was Ihr selbstverständlich fandet. Bei der altmodischen Behandlung haben die armen Kinder die schrecklichsten Hemmungen entwikkelt, und da Du mit einem Psychologen verheiratet bist, wirst Du ja wissen, was das bedeutet.

Schließlich aber hängen auch so viele Gemütswerte daran, daß die kleine Familie diese ersten wunderbaren Wochen allein verlebt. Bitte, habe Verständnis dafür! Später, nach zwei oder drei Monaten, freuen wir uns riesig über Deinen und Vaters Besuch. Dann werdet Ihr auch viel mehr Freude an dem Enkel haben.

Alles Liebe,

Eure Cordula.

PS. Ach so, Du wolltest ja den Termin wissen. So Anfang Februar, denke ich. Ich bin jetzt ziemlich in der Mitte und fühle mich geradezu langweilig normal.

Die werdende Großmutter

Da hört man jetzt so viel von Kursen für werdende Eltern, aber hat schon jemand daran gedacht, einen Kurs für werdende Großmütter abzuhalten? Oder wenigstens ein Buch eigens für sie zu schreiben? Dabei behauptet man aber, Großmütter seien ein Problem erster Ordnung.

In meiner Jugend gab es einen Professor der Kinderheilkunde, der seinen Studenten gerne zwei bestimmte Fragen stellte, auf die er ganz bestimmte Antworten erwartete, wenn man es mit ihm nicht gründlich verderben wollte. Die erste Frage lautete: „Was ist das größte Gift?" Antwort: „Protein." Die zweite: „Und welches ist die größte Gefahr für das Kind?" — „Die Großmutter."

Da inzwischen der Wert, ja die Notwendigkeit des Proteins in der Kinderernährung eingesehen wurde, könnte man annehmen, man habe auch mit dem Vorurteil aufgeräumt, in der Großmutter eine Gefahr zu sehen.

Doch auch in Irrtümern schlummert oft ein Körnchen Wahrheit, und so muß man bedenken, daß in früheren Zeiten die Großmütter in dem Ruf standen, ihren Enkel zu verwöhnen. Nun ist es aber so, daß Eltern früher im allgemeinen wesentlich strenger mit ihren Kindern waren als jetzt und daß deswegen die Großmutter ganz naturgemäß das mildernde, nachsichtige Element darstellte. Eltern unserer Zeit neigen dazu, teils aus Bequemlichkeit, teils aus Zeitmangel, teils auch als Anhänger moderner Erziehungsmethoden, den Kindern nahezu ungezügelte Freiheit zu lassen. Und hier dreht sich die Rolle der Großmutter um. Sie hat nun zu beweisen, daß etwas straffer gespannte Zügel, wenn sie von Liebe geführt werden, dem Kind nur zum Segen werden können.

Aber augenscheinlich sind Großmütter nun einmal, so gut wie Schwiegermütter, auch jetzt noch eine Zielscheibe für unangebrachte Witze und unverdiente Kritik.

Erst kürzlich las ich in dem Artikel eines Kinderarztes, daß es seine Tätigkeit bedeutend erschwere, wenn eine Großmutter im Hause sei. „Die Großmutter“, behauptete er, „sollte behandelt werden, ehe der Arzt sich das kranke Kind überhaupt ansieht. Väter erweisen sich meist schweigsam vernünftig, wenn auch nicht sehr brauchbar. Mütter, selbst die ängstlichen, kann man mit einiger Energie schnell in besonnene Pflegerinnen verwandeln. Großmütter aber . . . für sie dürfte eine Vollnarkose das geeignete sein."

Welch eine kränkende und unzutreffende Verallgemeinerung! Leute, die so etwas sagen und schreiben, sollten sich doch überlegen, daß die Mehrzahl der Großmütter aller Zeiten und Völker sich sicherlich als unschätzbare Hilfe bei Krankheitsfällen der Enkel erwiesen hat. Zudem müßte man gerechterweise auch bedenken, daß es wahrlich nicht einfach ist, eine Großmutter zu werden.

Aber wie denn, werden Unerfahrene fragen, was ist schon dabei, eine Großmutter zu werden? Mutter werden, ja, das ist eine Sache, und auch Vater werden mag nicht so leicht sein, wie es aussieht. Die Großmutter aber? Nun, die bekommt bestenfalls eines Tages mitgeteilt, daß ein Enkel erwartet wird, und nach der entsprechenden Anzahl von Monaten, Hokuspokus, wird sie eben eine Großmutter, ohne daß sie einen Finger gerührt hat.

So! Aber hat sich nicht ihr Herz gerührt? Wird es sich fortan nicht unablässig rühren in Liebe und Sorge um den Enkel? Und ist es nicht begreiflich, daß diese Sorge und Liebe sich zuweilen auch in ein wenig Torheit äußern wird, wie es das Vorrecht aller Liebe ist? Außerdem bedeutet es nicht den Eintritt in eine neue Lebensstufe, dieses Großmutterwerden? Ob man nun dabeisein und sich nützlich machen darf, oder ob man in der Ferne geduldig warten muß, es ist der Schritt in die alte Generation, wie jung man sich auch noch fühlen mag. Ein kühles Lüftchen weht einen an, bei aller herzbeklemmenden Freude: man ist mit einem Schlag in die vorderste Linie gerückt. Wie Sonnenwende ist das. Vielleicht liegen die schönsten Tage des Sommers und Herbstes noch vor einem; vielleicht werden die süßesten Früchte noch reifen, fest steht, daß der Zenit überschritten ist.

Habt Geduld mit der Großmutter. Sie wird es brauchen.

Was den Umgang mit Kinderärzten betrifft, darf man wohl zur Entschuldigung der noch ungeübten Großmutter, die vielleicht etwas überängstlich sein mag, sagen, daß sie nach ihrem eigenen langen Leben die Gefahren, die das geliebte Kind bedrohen, besser kennt als die noch blind dem Arzt vertrauende junge Mutter. Sie mag auch Grund haben, gegen die Unfehlbarkeit der Jünger Äskulaps ein wenig skeptisch zu sein, und sie mag gelegentlich alten, bewährten Hausmitteln mehr vertrauen als den neuesten Erkenntnissen der medizinischen Wissenschaft. Es ist nicht ausgeschlossen, daß sie damit sogar manchmal recht behalten wird. Wenn aber ein Laie recht behält, so können das Vertreter aller Wissenschaften, besonders Mediziner, sehr schlecht vertragen. Und so mag denn zwischen Großmutter und Arzt gewissermaßen eine Erbfeindschaft bestehen, die freilich keine so drastischen Mittel wie eine Vollnarkose rechtfertigt.

Zweierlei weiß ich nun also aus den Briefen der Tochter: daß ich eine werdende Großmutter bin und daß meine Unterstützung bei dem bevorstehenden Ereignis freundlich, aber entschieden abgelehnt wurde. Ebenso fand unser Vorschlag keinen Anklang, anstelle meiner gesparten Reisekosten eine Säuglingspflegerin für die ersten Wochen zu bezahlen. Das hätten wir uns vorher denken können. Auch eine Pflegerin wäre ja ein Fremdkörper innerhalb der Familieneinheit; auch sie würde in den „wunderbaren ersten Wochen" als Störung empfunden und vermutlich die Gemütswerte gefährden.

Mir bleibt zunächst nichts übrig, als mir Sorgen zu machen, und das tue ich denn auch mit Inbrunst und Ausdauer.

„Wenn man sich das vorstellt, ein gänzlich unerfahrenes junges Ehepaar in dieser Situation!" sage ich bei einem unserer abendlichen Zwiegespräche zu Ben, dem werdenden Großvater, der glücklicherweise auch dieser neuen Wendung in unserem vielbewegten Leben mit philosophischer Gelassenheit gegenübersteht.

„In was für einer Situation?" fragte er unschuldig.

„In *so* einer! Man sieht ja, was sie fertigbringen: das Kind ist in anderen Umständen, und der Unmensch schleppt sie unter den Wasserfall. Das muß doch schiefgehen."

„Das Kind", gibt Ben zu bedenken, „ist schließlich kein hilfloses Wesen, das sich einfach verschleppen läßt. Wie ich unsere Tochter kenne, wird der Gedanke an Hochgebirge und Wasserfall eher in ihrem als in Jans Kopf entstanden sein. Sie war immer für Extratouren. Wahrscheinlich wird sie sich gesagt haben: bald ist es aus mit der goldenen Freiheit, bald muß ich an der Wiege stehn, bildlich gesprochen, denn Wiegen sind sicher auch längst aus der Mode. Aber wie es auch sei, ich höre sie ordentlich ausrufen: Auf nach Yosemite, solange es noch Zeit ist!"

„Das sähe ihr allerdings ähnlich. Und nun schreibt sie auch noch, daß in den drei mittleren Monaten schlechterdings *alles* erlaubt ist. Sie wollen, ehe sie an der Wiege stehn, ganz schnell noch mal die Schwiegereltern am Lake Tahoe besuchen. 500 Meilen Autofahrt, grob über den Daumen gepeilt. Und dort wird natürlich wieder gewandert, höchstens fünfzehn Kilometer am Tage und ohne bergsteigerischen Ehrgeiz. Schwimmen in dem eiskalten See versteht sich von selbst, und ich will froh sein, wenn sie nicht an Wasserskiing denken. — Sag mal ganz ehrlich, hältst du es für möglich, daß es gut geht bei diesem Lebenswandel?"

Ben gibt beruhigende Brummtöne von sich und klopft mir den Rücken, wie man es tut, wenn sich jemand verschluckt hat. Ich habe ja in der Tat einen harten Brocken im Halse stecken.

„Schön, nehmen wir also an, es geht alles gut. Aber nun überleg mal weiter", sage ich. „Wenn es soweit ist, bleibt Cordula bestenfalls vier Tage in der Klinik. Was dann? Dann kommt das arme Kind heim, und es ist nicht einmal eine Putzfrau da, von einer Pflegerin ganz zu schweigen. Wer badet das Baby, wer legt es trocken? Wer kocht, macht die Wohnung sauber, plättet, faltet die Windeln, kauft ein? Alles der säuglingskursgeschulte Vater? Das möchte ich sehen. Und die arme Wöchnerin selber! Du wirst doch nicht glauben, daß ein Mann daran denkt, ihr alle zwei Stunden etwas nett Zurechtgemachtes ans Bett zu bringen, zum Essen und vor allem zum Trinken. Wie mir damals unser gutes Engelchen, weißt du noch?"

Und ob er es noch weiß. Kommt es doch uns beiden vor, als wäre es erst gestern gewesen.

„Es ist eben jetzt alles anders“, sagte er. „Nicht nur hier, auch in Europa. Nirgends haben die jungen Mütter mehr so viel Hilfe wie in unserer Zeit. Dienstboten sind eine ausgestorbene Spezies. Außerdem sollen es die Ärzte sogar für gut halten, wenn sich die Mutter nach der Geburt bald kräftig bewegt. Und das ist vielleicht gar nicht so abwegig. Denk an die Naturvölker ...“

„Jetzt kommst du mir auch noch mit den Naturvölkern, die mir schon die Tochter als leuchtendes Beispiel hingestellt hat. Aber schließlich sind wir ja keine Naturvölker mehr.“

Das muß Ben zugeben.

„Dafür haben aber die Väter gelernt, mit Säuglingen umzugehen, und im Haushalt sind sie ohnehin perfekt. Du erinnerst dich, daß Cordula schrieb, Jan hätte sich von allen Ehemännern am geschicktesten angestellt beim Babybaden.“

„Kunststück, bei einer leblosen Gummipuppe! Aber wenn ich mir vorstelle, daß ein lebendiges Baby von rauhen Männerhänden gebadet wird! Natürlich wird das die Mutter nicht mit ansehen können, sie steht auf, viel zu früh steht sie auf, bekommt Fieber, die Milch geht weg ...“

„Weißt du, Liebste, es ist in manchen Lebenslagen ein Verhängnis, wenn man eine so lebhafte

Phantasie hat. Schön und gut zum Bücherschreiben, aber zum Großmutterwerden bedenklich. Vergiß doch nicht, daß es sich bei heutigen jungen Ehemännern um etwas ganz anderes handelt als zu unserer Zeit. Ich bin sicher, die werden auch mit einem Säugling fertig, ohne ihm sämtliche Verzierungen abzubrechen. Weißt du was? Setz dich jetzt an die Schreibmaschine und mach dein sechstes Kapitel fertig. Das liegt noch genauso da wie vor drei Wochen, als wir das süße Geheimnis mitgeteilt bekamen."

Das ist echt Mann. Männer haben keine Ahnung, was es mit diesen Dingen auf sich hat. Es fehlt ihnen der Sinn fürs Elementare. Die werdende Großmutter ist ordentlich froh, daß sie eine so schöne Formel gefunden hat, mit der sie alle Beruhigungsmanöver ihres Mannes entkräften kann. Obwohl sie sich ja im Grunde nur allzugern beruhigen lassen will.

„Ihr habt keinen Sinn fürs Elementare, ihr Männer!" sagt sie. „Mich hinsetzen und schreiben, wenn mein einziges Kind in einer solchen Lage ist und ich mit gebundenen Händen zusehen muß. Ich bin doch kein Nilpferd!"

„Ich kann mir ein Nilpferd schlecht an der Maschine vorstellen", wendet Ben ein. „Das kommt, weil es mir so ganz an der schöpferischen Phantasie mangelt."

„Ich meine doch nur wegen der dicken Haut. — Und daß sie mich nicht haben wollen! Bin ich denn eine so unbrauchbare Person? Kann ich mich vielleicht nicht anpassen? Jaja, auch die absurdesten, lächerlichsten, unvernünftigsten Methoden würde ich stillschweigend schlucken, wenn ich nur helfen könnte. — Was machst du für ein Gesicht?"

„Ich stelle mir vor, wie du stillschweigend schluckst."

„Jetzt zweifelst du auch noch an mir! Tröste mich lieber ein bißchen, ich bin nämlich sehr unglücklich."

„Daß du Großmutter wirst? Man sieht es dir aber wirklich nicht an."

„Als ob mir daran etwas läge!"

Aber dann nimmt der getreue Lebensgefährte die werdende Großmutter in den Arm und tröstet sie so sachverständig, wie er es in sechsunddreißig Ehejahren gelernt hat. Sie hat nun einmal die Gabe, sich alle möglichen schrecklichen Dinge, die dann zum Glück meist nicht eintreten, vorher lebhaft auszumalen.

„Im Grunde genommen", sagt Ben am Ende dieses Gespräches, das nur eins von vielen ähnlichen ist, „im Grunde genommen hat es doch viel für sich, wenn du hierbleibst. Ich bin nun mal keiner von den praktischen jungen Ehemännern, die gelernt haben, alles selber zu machen. Wer weiß, wie die Wohnung aussehen würde und was von dem Geschirr noch übrig wäre, wenn du nach vier Wochen zurückkämst. Laß die jungen Leute ruhig allein fertig werden, wenn sie es denn nicht anders haben wollen. Im Notfall können sie immer noch telegraphieren."

„Da kennst du die schlecht."

„Wir werden sehen. Und wenn sie sich diesmal ein wenig die Hörner ablaufen, schadet es auch nichts. Was bei so vielen gut geht, wird auch bei ihnen gut gehen, das wollen wir zuversichtlich hoffen. Trotzdem würde ich mich nicht wundern, wenn sie dann bei Nummer zwei trotz aller Psychologie heilfroh wären, wenn du hinkämst. Aber bis dahin wohnen wir hoffentlich in Kalifornien."

Man hat allerhand zu lernen

Da es schon keine spezielle Literatur für werdende Großmütter gibt, besorge ich mir wenigstens das von meiner Tochter so lobend erwähnte Buch von Dr. Spock, der eine Kreuzung zwischen Pythia und Papst zu sein scheint, was die Aufzucht von Babys betrifft. Nach seinen Anweisungen, versichert mir die Buchhändlerin, werden weit über eine Million neuer Erdenbürger in den USA und anderen Ländern geboren, gefüttert, behandelt und erzogen.

Eine Autorität also, und ich hege von jeher ein stilles Mißtrauen gegen Autoritäten. Zu oft im Leben hatte ich Gelegenheit, zu sehen, wie unfehlbare Behauptungen widerlegt, durch unfehlbarere ersetzt, überholt und vergessen wurden mitsamt den Autoritäten, die sie ausheckten. Immerhin, da es sich um meinen Enkel handelt, will ich wenigstens wissen, was man nach dem derzeitigen Stand der Wissenschaft mit ihm anfangen wird.

Ich gehe also mit einigem Vorbehalt an die Lektüre des berühmten Buches, aber ich kann nicht leugnen, daß ich von dem Vorwort angenehm berührt bin. Man solle doch ja sein Buch nicht zu ernst nehmen, rät der Autor, denn alle Bücher bestünden notwendig aus Verallgemeinerungen. Das seine wolle keine starren Regeln aufstellen, sondern lediglich als Quelle für hilfreiche Vorschläge betrachtet werden.

Beim weiteren Lesen merke ich dann, daß es ihm hauptsächlich darauf ankommt, die junge Mutter zu beruhigen und ihr klarzumachen, daß Babys ganz zähe, nicht allzu zerbrechliche Lebewesen sind. Man kennt ja die Panikstimmung erstmaliger Mütter, die immer fürchten, etwas falsch zu machen. Auch Großmütter mögen Beruhigung aus Dr. Spocks Buch schöpfen, wenn schon er wahrscheinlich beim Schreiben an etwas so Ausgefallenes wie Großmütter nicht gedacht hat.

Habt keine Angst, ihr jungen Eltern, sagt er. Vertraut eurem eigenen gesunden Menschenverstand und hört nicht auf die Lehren jeder Nachbarin oder Gevatterin. Laßt euch auch nicht zu tief beeindrucken von den Äußerungen der verschiedenen Autoritäten. Macht getrost mal einen Fehler;

das schadet dem Kind weniger, als wenn ihr vor lauter Angst nervös und unsicher werdet.

Das kann man alles gelten lassen. Aber das Buch hat fünfhundert Seiten, wir werden sehen, wie es weitergeht. Ich bin nicht gesonnen, mich von freundlichen Einleitungen gefangennehmen zu lassen.

Der Autor fängt dann an aufzuzählen, was vor der Geburt des Kindes bereit sein muß, und ich fange an, das Aufgezählte zu beschaffen. Das wenigstens, denke ich, kann mir keiner verwehren — und siehe da, es verwehrt mir auch keiner.

Wie vorauszusehen war, ist auch da manches anders als zu unserer Zeit. Zum Beispiel werden die Windeln auf andere Art gefaltet und der Säugling anders darin verpackt, und zwar, das hat uns nie ein Mensch gesagt, ist die Verpackung für kleine Jungen verschieden von der für Mädchen. Das muß man als praktisch und sinnvoll anerkennen, denn auch Mutter Natur hat da ja kleine Unterschiede gemacht. Ferner tragen die winzigen Wesen vom ersten Tage an Nachthemden, während wir uns mit Einschlagtüchern begnügten. Die Nachthemden werden unten mit einer Schnur zugezogen, und es liegt auf der Hand, daß das Kind warm und sicher darin aufgehoben ist. Die Verkäuferin in der Baby-Abteilung des großen Warenhauses erklärt mir geduldig alles, obwohl ich mich bemühe, den Eindruck zu erwekken, als hätte ich schon ein halbes Dutzend Enkelkinder.

Hemdchen und Jäckchen sind ziemlich dieselben geblieben wie früher. Nur sind die Hemdchen jetzt vorn zum Zubinden, also ohne Knöpfe, die drücken können. Außerdem sind sie aus Trikotstoff, nicht aus feinem Batist, nicht bestickt und mit zierlichen Valenciennes-Spitzchen versehen. Man braucht sie nicht zu plätten, wie überhaupt bei der ganzen Babyausstattung Wert darauf gelegt ist, daß die jungen Mütter in ihrem mädchenlosen Haushalt nichts zu plätten haben. Bei uns wurde alles geplättet: Windeln und Einschlagtücher, Hemdchen und Jäckchen. Das ist vorbei. Man nimmt die Sachen von der Leine, legt sie schön glatt, und damit hat sich's. Für die Bettwäsche trifft das natürlich auch zu. Wer möchte am Tag zwei bis drei Bettlaken plätten? Die guten, altmodischen Wäscherollen scheinen ausgestorben zu sein.

Schließlich gibt es aber noch die segensreiche Einrichtung des Wäsche- und Windeldienstes, der sich auf Wunsch auch der Bettwäsche annimmt. Man abonniert ihn also, zweimal wöchentlich wird der Eimer mit der gebrauchten Wäsche abgeholt, und es wird frische gebracht, so daß man sogar der geringen Mühe enthoben ist, auf den Knopf der Waschmaschine zu drücken und die Säuglingswäsche aufzuhängen.

Diesen Windeldienst, der nicht billig ist, wird man sich freilich nur für die erste Zeit leisten. Bei allem Respekt vor den Fähigkeiten moderner Väter, alles können sie ja auch nicht machen, und so empfinde ich denn das Vorhandensein des Windeldienstes als Beruhigung.

Eins scheint noch nicht aus der Mode gekommen zu sein: daß werdende Großmütter stricken. Im Gegenteil, handgestrickte Jäckchen, Decken und Einschlagtücher werden von Dr. Spock als besonders weich, leicht und schmiegsam empfohlen. So stricke ich also weiche, leichte, schmiegsame Decken und Tücher in hellblauer Wolle, die so fein wie Schwanendaunen ist. Die Tochter hat ausdrücklich die hellblaue Farbe gewählt, nicht etwa, weil sie sich unbedingt einen Jungen wünscht, sondern aus Geschmacksgründen. Rosa, sagt sie, erinnere sie immer an Lutschbonbons, gegen die sie augenscheinlich in ihrem gegenwärtigen Zustand etwas hat.

Als alles besorgt, geräumt, genäht, gestrickt und nach Kalifornien befördert ist, heißt es immer noch zwei Monate warten. Die Pakete sind mit Dank und sogar mit Anerkennung empfangen worden. Da nun aber für das zukünftige Enkelkind nichts mehr zu tun ist, setze ich mich an die Schreibmaschine und bemühe mich, nach der langen Pause meine Gedanken wieder auf das inzwischen gut abgelagerte sechste Kapitel zu konzentrieren. Das gelingt nicht immer. Zuweilen erwische ich mich dabei, daß ich, statt mich mit meiner Heldin zu beschäftigen, mir ausmale, was ich von dem Ertrag des Buches dem Enkel einmal werde schenken können. Vorausgesetzt natürlich, daß mein Verlag das Buch nimmt, daß die Kritik es freundlich behandelt und daß die Leute es kaufen. Alles Überlegungen, denen unser trefflicher Dr. Spock enthoben ist. Sein Buch ist im Jahre 1946 erschienen und erreichte bis März 1953 achtunddreißig Auflagen. Glücklicher Dr. Spock!

Abends vor dem Einschlafen lese ich langsam in seinem Buch weiter. Ich stoße dabei auf Stellen, die ich mir mit dem Bleistift anstreiche. Eine besonders. Da steht auf Seite 10, es sei sehr zu empfehlen, für die erste Zeit eine Hilfe im Haus zu haben, und die Mutter der Frau sei die ideale Person dazu, vorausgesetzt, daß sie nicht dazu neige, die Tochter als Kind zu behandeln und alles so haben zu wollen, wie *sie* es richtig finde. In diesem Falle solle man sie lieber nicht zum Kommen auffordern.

Die erwachsene Tochter als Kind behandeln, welch ein Gedanke!

„Was meinst du dazu, Ben?"

Ben lächelt diplomatisch und sagt, es gäbe in der Tat Mütter, die sich schwer daran gewöhnen könnten, einen erwachsenen, selbständigen Menschen in der Tochter zu sehen, fähig und gewillt, ihre Probleme auf ihre Weise zu lösen und ihren Säugling auf ihre Art zu behandeln.

Zugegeben. Solche Mütter mag es geben. Warum nicht? Laßt es uns doch auch einmal von der anderen Seite betrachten. Bleibt denn die Großmutter nicht immer die Mutter und die Tochter ihr Kind, auch wenn sie nun selber Mutter wird? Ein erwachsener, selbständiger Mensch kann sie deswegen doch sein, nur sollte sie zuweilen auf den Rat der Mutter hören, wenn diese etwas aus dem reichen Schatz ihrer Erfahrungen zum Besten gibt.

Etwas später kommen dann auch Stellen in Dr. Spocks Buch, die ich *nicht* anstreiche. Zum Beispiel, in der bemerkt wird, eine bezahlte Hilfe habe zweifellos den großen Vorzug, daß man sie jederzeit wegschicken könne.

Aber unsere Kinder wollen ja auch keine bezahlte Hilfe, sie wollen überhaupt keine und befinden sich damit im Gegensatz zu ihrem Orakel Dr. Spock. Es sieht aus, als wäre er nicht ihr einziger Prophet.

Ich weise noch einmal in einem Brief vorsichtig darauf hin, daß ich, was die Notwendigkeit einer

Hilfe nach der Rückkehr der jungen Mutter aus der Klinik betrifft, durchaus mit Dr. Spock übereinstimme. Aber ich bekomme wieder zur Antwort, es handele sich da eben um Gemütswerte, daran könne auch Dr. Spocks Ansicht nichts ändern.

Ich erinnere mich, daß auch meine Freundin Helmi von Gemütswerten sprach, als es sich vor vielen Jahren darum handelte, ihr erstes Kind in einem oberhessischen Pfarrhaus am Fuß der malerischen Münzenburg zur Welt zu bringen; in einem idyllischen Haus ohne Wasserleitung, mit vorweltlichen Öfen und einem ziemlich weit entfernt wohnenden Wald- und Wiesenarzt. Als die Mutter dann tagelang mit hohem Fieber lag und das Kind eine Nabelentzündung bekam, als die wackere ländliche Magd, eher an den Umgang mit Kälbern und kleinen Ferkeln als an die Pflege eines menschlichen Säuglings gewöhnt, eines Tages das Wasser für den Haferschleim des Kindes versehentlich nicht aus dem bereitstehenden Eimer mit frischem Wasser, sondern aus dem anderen entnahm, mit dem man das gebrauchte Badewasser in den Hof schütten wollte; als schließlich die Pumpe einfror — da beschlossen die gemütvollen jungen Pfarrersleute, zukünftige Kinder lieber in einer städtischen Klinik zur Welt zu bringen. Eine Illustration zur Relativität von Gemütswerten.

Noch einen Monat zu warten.

Noch eine Woche.

Die Nachrichten aus Kalifornien werden immer spärlicher. Natürlich kann man von einer jungen Frau so kurz vor der Entbindung nicht verlangen, daß sie ausführliche Briefe schreibt. Der Schwiegersohn aber — nun, der hat zwar seinen Doktorgrad von einer der angesehensten Universitäten des Landes, aber Schreiben hat man ihm dort augenscheinlich nicht beigebracht. Wenigstens nicht Briefeschreiben, ohnehin eine immer mehr in Vergessenheit geratende Kunst.

Am 29. Januar sage ich zu Ben: „In fünf Tagen sollte der Termin sein, aber gewöhnlich kommen Kinder später als erwartet, besonders die ersten. Wir wollen froh sein, wenn in zwei Wochen alles glücklich überstanden ist."

Und dann schellt am nächsten Morgen das Telephon. Das tut es oft im Laufe des Tages, und ich denke mir nichts dabei, als ich den Hörer aufnehme. Es sagt mir auch niemand, daß das Gespräch aus Kalifornien kommt. Ferngespräche gehen in diesem Land so schnell, als kämen sie aus dem Haus nebenan. Ich höre eine Stimme, kann aber nicht verstehen, was sie sagt. Eine falsche Verbindung wahrscheinlich. Es dauert eine ganze Weile, bis ich begreife, daß es mein Schwiegersohn ist. Nicht weil ich schwerer von

Begriff bin als andere Leute, sondern weil ich einfach noch nicht darauf vorbereitet war.

„Cordula hat einen Sohn", sagt er.

„Wer hat einen Sohn?" frage ich nicht sehr intelligent. „Ach, du bist das wohl, Jan?"

Er bestätigt, daß er es ist. Seine Stimme klingt aber auch wirklich ganz fremd; sie ist so schwach, so erschöpft, daß ich sie nicht erkannt habe.

„Wie geht es Cordula?" frage ich. „Ist das Kind gesund? Ich gratuliere. Mein Gott, so schnell! Freust du dich sehr?"

„Ja", antwortet er. „Oder eigentlich nein, noch nicht. Schnell ging es nämlich gar nicht. Gestern den ganzen Tag, dann die Nacht hindurch bis gegen Morgen. Und ich war die ganze Zeit dabei, nur die letzte halbe Stunde *vor* der Tür. Cordula schläft jetzt. Der Bub ist ein Prachtstück. Acht Pfund. Dafür hat die arme Frau so gehungert! — Ja, doch, natürlich freue ich mich."

Was gäbe es noch alles zu fragen, aber im Augenblick fällt mir rein gar nichts ein, und ihm wohl auch nicht. Der arme Vater, er ist mächtig mitgenommen.

Nun denke aber keiner, daß ich es etwa komisch finde, wenn der Vater nach der Geburt seines ersten Kindes mitgenommen ist. Ich kann das nur zu gut verstehen. Als ich meine Kinder bekam, tat mir mein Mann immer schrecklich leid, weil ich weiß, wieviel schwerer es ist, einen geliebten Menschen leiden zu sehen, als selber zu leiden.

Ich rufe nun meinerseits gleich Ben in der Stadt an und teile ihm die große Neuigkeit mit. Abends kommt er mit einem großen Strauß roter Rosen heim, und wir feiern ein wenig mit unserer letzten Flasche Pfälzer. Es ist eine stille Feier, dem Ernst des Ereignisses angemessen, und der nachdenkliche, ernsthafte deutsche Wein paßt gut dazu. Wir sind Großeltern geworden. Wieviel gibt es da zu reden und zu bedenken.

„Wie heißt er denn, unser Enkel?“

Das gehört zu den Fragen, die mir nicht eingefallen sind.

Wir versuchen, ihn uns vorzustellen. Wir überlegen, wem er ähnlich sehen mag. Großmütter wünschen sich in einem männlichen Enkel wohl immer die verjüngte Ausgabe des geliebten Mannes. Großvätern mag es mit Enkelinnen ähnlich gehen. Wie schön, die eigene Jugend so wiederholt zu sehen! Aber, was weiß man schon von den Gesetzen der Vererbung! Möglicherweise bekommt das arme Kind die Kartoffelnase von Urgroßonkel Nepomuk, von dem es vor dem Bombenkrieg ein Ölbild in meinem Vaterhaus gab.

Jedenfalls werde ich nun morgen Kalifornien anrufen und mir vorher alle Fragen aufschreiben, damit wir erfahren, was wir wissen möchten, und andererseits mit diesen Gesprächen über den ganzen Kontinent hin nicht unser Budget über den Haufen geworfen wird.

„Ruf nur an", sagt Ben großzügig, „wenn es für deine Seelenruhe notwendig ist." — Und das ist es.

Am nächsten Tag höre ich also, daß der Enkel entsetzlich viel schwarze Haare hat (und seine Mutter ist blond), ein bis zwei Doppelkinne und riesige dunkle Augen (der Großvater hat blaue) und daß er, ganz objektiv betrachtet, das hübscheste Kind ist, das seine Eltern je gesehen haben. Das Köpfchen sei zwar ein wenig verbogen von der Geburt, aber das wird sich geben. Auf alle Fälle ein Intelligenzschädel.

Und wie heißt er?

David.

David? — Bei mir als Frankfurterin stellt sich sogleich die Assoziation mit dem pfiffigen Davidchen ein, der die Wissenschaften studieren wollte und von seinem Vater als Lehrling in die Kattunhandlung der Gebrüder Lärmeschläger gesteckt wurde. Dieser David, der es dennoch durchsetzte, die Wissenschaften zu studieren, ist eine der komischsten und populärsten Gestalten unseres Frankfurter Nationaldichters Stoltze. Trotzdem hätte ich nicht gerade meinen Enkel nach ihm genannt. In Amerika aber sind alttestamentliche Namen sehr beliebt, und David scheint einer der beliebtesten zu sein. Auch der älteste Enkel von Präsident Eisenhower heißt David.

Mir ist so, als wären Großeltern früher bei der Wahl des Namens zu Rate gezogen worden. Schön finde ich auch die Sitte, Kinder nach lieben Anverwandten zu benennen; alte Familiennamen wiederaufleben zu lassen, mit einem Wort, Pietät zu üben.

Ben erinnert mich, daß wir seinerzeit das auch nicht getan haben. Es gab nie eine Cordula in unserer Familie, wie es nie einen David gab. Eltern wählen gern Namen für ihre Kinder, die sie schön oder originell oder praktisch finden. Nicht einmal nach Erbtanten oder Erbonkeln nennt man Kinder heute noch, nachdem Inflationen, Kriege und Geldentwertungen alle Erbschaften unsicher gemacht haben.

David also. Wir wollen nichts dagegen einwenden. Es wäre ohnehin zu spät.

Nun stellt man sich ja gewöhnlich etwas vor unter einem Namen, und außer unserem Frankfurter Davidchen fällt mir der biblische junge Hirte ein, der den Philister erschlug. Da steht er vor meinem geistigen Auge, der kleine David, mit wehendem Haar und furchtlosen Augen, und obwohl er viel lieber friedlich seine Schafe hüten wollte, als in den Krieg ziehen, geht er doch unbekümmert auf die Goliathe dieser Welt los, ohne sich verblüffen zu lassen von einem noch so gewaltigen Schwert und einem noch so großen Mund. Gott segne dich, kleiner David.

Liebe auf den ersten Blick

Nein, es kommt kein telegraphischer Hilferuf. Habe ich vielleicht doch im stillen darauf gewartet? Gleichviel, es kommt keiner. Sie haben es allein überstanden, die jungen Eltern, und wenn man ihren Berichten glauben kann, dann ist alles großartig gegangen.

Inzwischen ist David acht Monate alt geworden, und er hat bisher noch nicht einmal einen Schnupfen gehabt; nur eins der vielen Zeichen, daß er ein außergewöhnliches Kind ist.

Es ist nun so weit, daß die Tochter mit ihm ein Flugzeug besteigen und über den ganzen Kontinent hin zu den Großeltern fliegen wird, um ihnen endlich den Enkel vorzuführen. Wären sie nicht den Sommer über in Europa gewesen, dann hätte diese Begegnung schon früher stattgefunden. Andererseits wäre eine Reise nach dem glühend heißen Chicago im Mittsommer nicht ratsam gewesen. Der Oktober dagegen ist der schönste Monat im Mittelwesten und somit am besten für den Besuch geeignet.

Die Großmutter hat doch ein wenig Herzklopfen in Gedanken an den Flug, obwohl ihr selber das Fliegen nichts ausmacht. Ihr Mann beweist ihr an Hand unanfechtbarer Statistiken, daß Fliegen nicht gefährlicher ist als Eisenbahnfahren, von Autofahren ganz zu schweigen. Das glaubt sie alles gern. Sie ist ja keine rückständige Großmutter. Es soll ihr keiner nachsagen, sie ginge nicht mit der Zeit. Sie ist sogar bereit, die neuen Methoden der Kinderbehandlung, die man ihr jetzt demonstrieren wird, mit Toleranz, wenn auch mit einigen Vorbehalten, hinzunehmen. Wenigstens hat sie das fest vor.

Mittlerweile hat sie ihre lückenhafte Bildung vervollkommnet, indem sie fleißig einschlägige Literatur las. Eingeschlagen hat die nun allerdings erheblich bei ihr. Sie ist also nicht ganz unvorbereitet und auf alles mögliche gefaßt.

Aber was bedeuten die leichten Beklemmungen gegenüber der Freude, den Enkel, von dem bereits etliche reizende Bildchen in die Hände der Großeltern gelangt sind, nun endlich persönlich kennenzulernen. Früher einmal, vor langer Zeit, hat Ben in einer kleinen Rede zum 70. Geburtstag seines Vaters gesagt, es müsse doch eine beglückende Bestätigung des eigenen Daseins bedeuten, einen Enkel zu erleben; gleichsam eine Gewähr des Fortlebens auf dieser Erde, wie man sich auch das Fortleben auf einer anderen Ebene denken möge.

Nun, dieses Erlebnis war ihm selber noch beschieden: zwei Wochen lieblichsten Begegnens unter den alten Waldbäumen am Michigansee und wieder acht Monate später noch einmal am Strand des Pazifischen Ozeans. — Wie vielfältig doch unsere Generation über das Angesicht der Erde hingetrieben wurde!

Wer mir früher gesagt hätte, daß meine Enkel einmal in Amerika geboren werden würden, als wir auf dem alten Familienbesitz in Erfurt wohnten, in dem Haus, in dem schon mein Mann geboren war, den hätte ich wahrscheinlich ausgelacht. Wenn irgend etwas stabil war auf dieser Erde, dann war es dieses: das alte Haus, der Garten, durch den das Flüßchen rauschte, die hundertjährige Linde am Gartentor und die hundertjährige Samenfirma. Auf diesem Rasen würden meine Enkel spielen, unter diesen Kastanienbäumen die glänzenden Früchte für Ketten sammeln, im Uferschlamm dieses Flüßchens würden sie sich die Hosenböden schmutzig machen und zum Entsetzen einer neuen Generation von Obergärtnern auf den Firsten der Treibhäuser

Gratwanderungen üben, genau wie es einst ihre Mutter, ihr Großvater und ihr Urgroßvater taten.

Statt dessen entsteigt nun auf einem Flugplatz bei Chicago die Tochter dem Flugzeug und hat den Enkel auf dem Arm. Sie ist nicht mehr das schmale Mädchen vom vorigen Jahr, sondern eine blühende junge Frau, Stolz auf den Sprößling ausstrahlend wie eine kleine Sonne.

Dazu hat sie auch Grund. Selbst in dem eiligen Hin und Her des Flugplatzes finden viele der Vorübergehenden Zeit, einen Blick des Wohlgefallens auf das großäugige Wunder auf Cordulas Arm zu werfen. Davids Eltern fanden ja schon in der Klinik ganz objektiv, er sei das hübscheste Kind der Weltgeschichte, und genauso objektiv schließt sich die Großmutter augenblicklich dieser Ansicht an. Sie tut es mit ein wenig Selbstironie, denn sie hat noch Besinnung genug, ihrer eigenen Objektivität nicht ganz zu trauen. Wahrscheinlich, sagt sie sich, ist es eben das Wunder der Kindheit an sich, was ihr so ans Herz geht: die sich öffnende Menschenblüte, die immer etwas Hinreißendes hat, wenn sie nur gesund und wohlgebildet ist. Und daß das nun ihr Enkel ist, macht sie freilich auf eine atemraubende Weise glücklich. Offenbar strahlt etwas von diesem Glück auf David über, denn als die Großmutter die Arme öffnet, um der Mutter das schwere Bündel abzunehmen, strebt er bereitwillig zu ihr. Noch ist er in dem Alter ungetrübten Zutrauens, im Zustand paradiesischer Unbefangenheit. Aber wir wissen, daß der Baum der Erkenntnis mit seiner bittersüßen Frucht irgendwo auch auf ihn wartet. Was werden Welt und Menschen aus diesem vollkommenen kleinen Geschöpf machen?

Das ist eine der Fragen, die sich viele Großeltern stellen werden. Wir Alten kennen die Welt ja einigermaßen, nicht wahr? Wir wissen, wie schnell sie es fertigbringen wird, den Spiegel der vertrauenden Unschuld mit ihrem Anhauch zu trüben. Noch ist er makellos rein und klar. Genießen wir diesen Zustand, so lange oder so kurz er währt.

Unsere kleine Wohnung in dem altmodischen Haus neben einer der zahlreichen Kirchen des Waldvorortes bekommt auf einmal ein neues Gesicht. Seine Majestät das Kind bestimmt jetzt unseren Tageslauf. Wenigstens den des weiblichen Teils der Familie. Der Großvater fährt wie gewöhnlich jeden Morgen in die grimmige große Stadt Chicago hinein und kommt erst gegen Abend zurück, von Frau, Tochter und Enkel an dem Vorortbahnhöfchen erwartet. Wir Frauen richten unsere ganze Zeit nach David ein. Wir schlafen, wenn er schläft, gehen mit ihm spazieren, wenn er wach ist, füttern ihn, wenn er danach verlangt.

Oft sitzen wir bei ihm unter den alten Apfelbäumen im Garten, der so sehr an einen deutschen Garten erinnert, daß man meinen könnte, die Lebensuhr sei um ein paar Jahrzehnte zurückgedreht und wir säßen wieder in unserem Thüringer Garten. Nur daß jetzt nicht die Tochter im Grase liegt und mit dem Finger aufmerksam die Bahn von Ameisen und Käfern verfolgt, sondern ein kleiner Amerikaner namens David. Nur daß nicht das Flüßchen unter der weißen Holzbrücke leise plätschert, sondern von fern die Wellen des Michigansees sanft gegen die Ufer rauschen. Ein Menschenalter ist vergangen, und wie schnell verging es.

Es zeigt sich, daß David nicht nur ein hübsches, sondern auch ein gutes Kind ist. Nie hört man von ihm das wütende, eigensinnige Schreien, das Kleinkinder zu einer wahren Plage der Nachbarschaft machen kann. Als wir die Wohnung mieteten, war eine der Bedingungen: keine Kinder. Darum sind wir heilfroh, daß David sich so manierlich benimmt und daß die beiden freundlichen Hauswirtinnen, die unter uns im Parterre wohnen, keinen Grund zur Klage haben. Sie erkennen auch bereitwillig an, daß der Besuch sie nicht im mindesten stört.

Unterwegs sitzt David zufrieden in seinem kleinen Wägelchen, alles Vorübergleitende aufmerksam betrachtend mit jenem Staunen über die Welt der Erscheinungen, dem noch alles neu ist. Meist beobachtet er schweigend. Nur wenn ein Hund daherkommt, stößt er einen Urlaut des Entzückens aus. Er kennt diese Vierbeiner von daheim, wo der große Schäferhund Prinz sein erster Freund und Spielgefährte ist.

Eines Tages darf ich den Enkel ganz für mich allein haben, als die Tochter von Freunden zu einer Fahrt in die Umgebung mitgenommen wird. Das ist der schönste Tag der ganzen Ferien. David entbehrt seine Mutter noch nicht; er fühlt sich genauso geborgen in der Obhut der vor einer Woche noch fremden Großmutter. Morgens machen wir eine kleine Ausfahrt an den See. Dann wird er gefüttert und zum Schlafen hingelegt. Später sitzt er im Garten in dem geliehenen Ställchen, sieht den Wolken zu, die weiß über den blauen Himmel ziehen, dem Tanz der ersten fallenden Blätter, die er zu haschen versucht, einem rotbrüstigen Robin oder einem späten Schmetterling. Die Apfelbäume lassen ab und zu eine Frucht fallen, als wollten sie David beschenken.

Am Abend planscht er vergnügt in der kleinen Wanne, braun von Sonne und Luft wie eine

Haselnuß, ein barocker Putto voller Grübchen und Kurven, offenbar mit sich und der Welt tief einverstanden. Zum erstenmal seit langer Zeit erlebe ich wieder das noch ganz unversehrte Sichselbstgenießen, wie es nur Kleinkinder und junge Tiere haben. Und wie so oft in diesen Tagen der ersten Begegnung fühle ich gleich einer warmen Quelle in mir das Glück des Großmutterseins.

Daß David immer mit allem ganz einverstanden wäre, darf man nun auch nicht behaupten, ohne sich einer Übertreibung schuldig zu machen. Er ist ja über die fast noch pflanzenhafte Existenz des Säuglings längst hinaus, ist ein kleiner Mensch mit seinen eigenen Wünschen und seinem eigenen Willen, wenn sich dieser Wille auch meist noch in Übereinstimmung mit der liebevoll auf ihn eingestellten Umwelt befindet. Aber nachts zum Beispiel möchte die Umwelt ungestört schlafen. Wie nun, wenn David auch nachts Wünsche hat?

Er ist abends spät noch einmal gefüttert worden, hat genug frische Luft und Bewegung genossen, und die Großmutter meint, man könne erwarten, daß er seine neun bis zehn Stunden friedlich durchschläft. Zu ihrer Zeit bekamen Kinder nach ihrer abendlichen Flasche nichts mehr bis zum nächsten Morgen. Punktum. Die Mitgroßmütter in Deutschland versichern in ihren Briefen, daß es mit ihren Enkeln noch heute so gehandhabt wird und daß sie dabei ebensogut gedeihen, wie es unsere Kinder einst taten. Hier aber gilt es als barbarisch, ein Kind schreien zu lassen. David schreit nicht einmal, das hat er nicht nötig. Er meldet sich nur, weint ein wenig oder schimpft vor sich hin — und sofort steht seine Mutter auf und tröstet ihn mit einer Flasche. Teils damit wir nicht gestört werden, sagt sie, teils aber auch, weil David sich ja nicht melden würde, wenn kein dringender Grund vorläge.

Nun ist mir ja schon vor Davids Geburt mitgeteilt worden, daß man Kinder hierzulande füttert, sooft sie danach verlangen, sei es tags oder nachts. Eine anstrengende Sache für die Eltern. Aber sie sagen, wenn nur der Magen erst groß genug sei, abends genügend Nahrung aufzunehmen, dann regele sich das alles ganz von selbst, und das Ergebnis sei eine vierstündige Fütterungsperiode am Tag und eine mindestens doppelt so lange ununterbrochene Nachtruhe. Im Endeffekt also genau das gleiche Resultat wie in den vorgeschichtlichen Zeiten, als wir unsere Kinder aufzogen. Nur daß jetzt alles ohne Gewalt und Härte erreicht werde und ohne die unvermeidbaren Folgen für das kindliche Seelenleben.

In vielen Fällen, keineswegs in allen, scheint

das wirklich zuzutreffen. David, der von Geburt an ein großes, kräftiges Kind war, schlief bereits nach drei Wochen von zehn Uhr abends bis morgens um sieben brav durch. Es mag also seine Vorteile haben, denkt die Großmutter, die sich ja keineswegs eigensinnig auf alte Gewohnheiten versteifen will, etwas nicht mit unserer einst kategorisch geforderten Konsequenz durchzusetzen, was sich mit Geduld so mühelos von selbst ergibt.

Ist es denn aber auch tatsächlich so? Warum verlangt dann der seit Monaten schon „durchschlafende“ David, dessen Magen bei jeder Mahlzeit beweist, daß er eine beachtenswerte Kapazität hat, plötzlich nachts wieder eine, zuweilen zwei Flaschen?

Das ist, weil er zahnt, bekomme ich erklärt. Ich bemerke, daß man ihm dabei ja leider nicht viel helfen kann und daß er sicher schnell wieder einschliefe, wenn man ihn nicht erst völlig wach machte.

Nicht, als gönne ich David seine nächtliche Flasche nicht. Aber ich denke dabei an seine Mutter, deren Tage so ausgefüllt sind, daß sie ihre ungestörte Nachtruhe gut brauchen könnte.

Recht bescheiden bringe ich meinen Einwand vor, um keinen Anstoß zu erregen. Die Tochter erwidert mir, das seien längst überholte Ansichten. So könne man heutzutage ein Kind nicht behandeln, wolle man nicht riskieren, daß es jedes Gefühl von Sicherheit verliere, ja geradezu eine tiefgreifende Lebensangst entwickle. Worauf ich alles, was sonst noch zu sagen wäre, entschlossen herunterschlucke.

Zum Beispiel, daß Kinder im zartesten Alter schon die Neigung haben, ihre Umgebung ihrem Willen dienstbar zu machen. Im Handumdrehen entwickeln sie da eine raffinierte Taktik, gegen die kein Mittel mehr hilft. Ich habe es bei einer Nachbarin miterlebt, die, als sie mit dem neuen Baby aus der Klinik zurückkam, es beim leisesten Zeichen von Unruhe aus dem Bett und auf den Arm nahm. Damals sagte sie: er ist noch so winzig, er braucht das Gefühl der mütterlichen Wärme. Inzwischen ist er ein strammer Knabe von einem halben Jahr geworden, und die Mutter muß ihn, wo sie geht und steht, herumschleppen. Man sieht sie kaum je ohne ihn. Mit ihm auf dem Arm steht sie am Gasherd und rührt, mit ihm betätigt sie den Staubsauger, mit ihm ißt sie ihre eigenen Mahlzeiten — in aller Eile, denn er wünscht Bewegung. Muß man ihn aus diesem oder jenem Grund einmal kurze Zeit allein in seinem Bett oder Ställchen lassen, so erhebt er ein Geschrei, das sich von Minute zu Minute steigert und an Ausdauer weit alles übertrifft, was ein Erwachsener leisten könnte.

So ist es ja nun mit David gottlob nicht. Immerhin glaube ich, daß er nicht daran denken würde, seine Mutter nachts zu wecken, wenn er nicht wüßte, daß dann sofort eine immer willkommene Mahlzeit eingeschoben wird und eine kleine freundliche Unterhaltung mit der Mutter stattfindet. Um es vorweg zu sagen: er wacht auch mit zwei Jahren noch manchmal nachts auf und verlangt dann die gewohnte Flasche. Damals am Michigansee war es das Zahnen. Jetzt hat er schwere Träume, wie mir seine Mutter erklärt. Irgendein Grund läßt sich immer finden.

Auch die Sache mit den Mahlzeiten ist ein Anlaß zum Nachdenken. Da sitzt David auf seinem Stühlchen und wird gefüttert, wie Babys eh und je gefüttert wurden. Nur daß man nicht darauf besteht, ihm eine bestimmte Menge einzuverleiben oder mit Zureden diese Portion auch nur annähernd zu erreichen. Er ißt genau soviel oder sowenig, wie er will. Genötigt wird nicht. Wie hieß es doch früher? Ein Löffelchen für die Mama. Und nun eins für den Papa. Und jetzt noch eins für die liebe Großmama. — Nichts mehr dergleichen. In dem Augenblick, in dem David den Mund schließt und den Löffel wegschiebt, wird mit der Fütterung aufgehört. Es kann gut sein, daß er nach einer Stunde wieder Hunger hat. Was dann? Nun, dann bekommt er eben nach einer Stunde wieder etwas, warum denn nicht? Ich bin zwar auch der Ansicht, daß man einem Kind nichts aufzwingen soll, wenn es satt ist. Aber ist David denn tatsächlich satt? Es könnte ja auch sein, daß er nur etwas anderes will, als was auf seinem Teller ist. Zum Beispiel etwas, was die Erwachsenen gerade essen.

Genau das ist es, was er in einem besonderen Falle will. Die schöne Melone mit dem zartrosigen Fleisch hat es ihm angetan, und warum in aller Welt sollte er nicht davon kosten? Er kostet mit so viel Ausdauer, daß von der Melonenscheibe nichts übrigbleibt.

Die Großeltern sehen sich bedenklich an, sagen aber nichts. Auch die Tochter scheint hinterher ihrer Sache nicht ganz sicher zu sein. Man könne ja mal bei Dr. Spock nachschlagen, meint sie. Und was sagt Dr. Spock? Daß man mit zwei Jahren unbedenklich anfangen könne, dem Kind etwas Melone zu geben. David ist achteinhalb Monate.

Die Nacht über sind wir dann doch alle etwas besorgt, obgleich es keiner dem anderen eingesteht. Jeder von uns horcht zu David hinüber, aber gerade in dieser Nacht rührt er sich nicht. Als er am nächsten Morgen genauso fröhlich wie immer aufwacht, sieht seine Mutter das als Zeichen an, daß der gesunde Instinkt des Kindes ganz von selbst nur nach dem greift, was ihm zuträglich ist. Netzmelonen haben viel Vitamin A; vielleicht braucht er das. Als der gesunde Instinkt am gleichen Tage nach einem grünen Apfel greift und sich etwas später eine Handvoll Sand in den Mund stopft, muß seine Unfehlbarkeit denn doch in Zweifel gezogen werden.

Spinat dagegen, der doch bekannterweise Eisen und sonstige hochwichtige Dinge enthält, lehnt der Instinkt entschieden ab, und selbstverständlich wird das gesunde grüne Gemüse David nicht aufgenötigt.

Ist es nicht seltsam, daß beinah alle Kinder von Spinat nichts wissen wollen? Nach der ersten Spinatmahlzeit meiner Tochter mußte das Kinderzimmer neu tapeziert werden. Vielleicht hat David diese Abneigung von ihr geerbt? Überhaupt scheint es in der Familie zu liegen. Ich selbst kann heute noch gut ohne Spinat auskommen, und mein Vater erzählte mir, er sei als Kind mit seinem Spinatteller im Taubenschlag eingesperrt worden, bis der Teller leer war. Da er ein intelligenter Mann war, darf man annehmen, daß er schon als Kind Verstand genug hatte, das verhaßte Grünzeug in der Verborgenheit des Taubenschlags anderswo unterzubringen als in seinem Mund und Magen. Leider hat er aber später nicht die naheliegenden Schlußfolgerungen aus seinen eigenen trüben Erfahrungen gezogen: seine Kinder mußten auch Spinat essen, ob sie wollten oder nicht. Es gehörte damals zu den Glaubenssätzen, daß man Kinder nicht fragte, was sie gern aßen und was nicht. Die Eltern, hieß es, wüßten am besten, was gut für die Kinder sei.

Was nun den umstrittenen Spinat anbetrifft, so las ich vor wenigen Tagen einen medizinischen Artikel, der die Abneigung von Generationen von Kindern nachträglich aufs schönste bestätigt. Spinat ist nämlich nach neueren Forschungsergebnissen durchaus nicht gesund, ganz im Gegenteil. Er enthält die gefährliche Oxalsäure, die eine Hauptursache für Nierensteine und noch etwas sein soll, was ich leider vergessen habe.

David ist also berechtigt, zu Spinat nein zu sagen, wie es seine Vorfahren taten. Er ist es um so mehr, als er eine Vorliebe für sonstige, als gesund geltende Sachen hat: Obst, Milch, Quark, Kohlrabi und Blumenkohl, Rindfleisch und Leber. Gegen all das läßt sich nichts einwenden.

Hier hat nun die Großmutter wieder Gelegenheit, die Errungenschaften der neuen Zeit zu bewundern. Was haben wir einst mit all dem Zerkleinern und Durchpassieren für Mühe gehabt.

Nichts mehr davon. Man kauft jetzt Kleinkindermahlzeiten in appetitlichen Einmachgläschen, je eins für zwei Mahlzeiten ausreichend. Es gibt eine Firma, die nichts anderes herstellt als solche ärztlich überwachte Kindernahrung. In unendlicher Abwechslung kann man auf den Super-Markets diese Gläschen kaufen, sie haben nur den Nachteil, ziemlich teuer zu sein. Freilich, wollte man eine Köchin anstellen, um das alles sachgemäß zuzubereiten, so wäre es noch viel teurer.

Natürlich wird neben der fabrikfertigen Nahrung auch dafür gesorgt, daß David genug Rohkost bekommt. Er kaut gern auf einem Stückchen Mohrrübe, auf einem zarten Salatstrunk herum, und frisches Obst liebt er über alles. Unter den Propheten, an die meine Tochter glaubt, ist auch eine Frau, Adelle Davis, deren Bücher über Ernährung, besonders Kinderernährung, weit verbreitet sind. Sie ist keiner der zweifelhaften Apostel, die jetzt wie Pilze nach dem Regen aus dem Boden schießen, vielmehr eine staatlich angestellte Ernährungswissenschaftlerin. Man kann ihr nur zustimmen, wenn sie gegen die Unsitte kämpft, alle Nahrungsmittel bis zur Unkenntlichkeit zu verschönen und zu verfeinern. Nichts wird gelassen, wie es die Natur hervorbringt. Das Mehl mahlt man aus, bis die wichtigen B-Vitamine beinah vollständig zerstört sind. Der Zucker wird raffiniert, bis ihm alle Minerale entzogen sind. Früchte werden gefärbt, und was ihre Schalen an giftigen Spritzmitteln geschluckt haben, läßt sich nicht absehen.

David wird also, und da kann die Großmutter nur zustimmen, nach Adelle Davis ernährt. Sein Brot ist aus steingemahlenem Vollkornmehl. Oft backt seine Mutter dieses Brot selbst, und dann reichert sie es noch gründlich an mit Brauerhefe, Milchpulver und Weizenkeimen. Mit Weizenkeimen vermischt futtert David auch seinen Quark, und in seinem Elternhaus wird ausschließlich brauner Zucker verwendet. Süßigkeiten sind absolut tabu. Mit acht Monaten hat David Schokolade, Kuchen, Plätzchen oder Bonbons noch nicht kennengelernt, was um so erstaunlicher ist, als er in einem Lande aufwächst, das den stärksten Süßigkeitenkonsum der Welt hat. Auch hier vertraut seine Mutter wieder auf den gesunden Instinkt, von dem sie annimmt, daß er später von selbst all die verderblichen Zuckerdinge ablehnen wird, wenn ihn nicht die Erwachsenen in ihrer Unvernunft auf Abwege locken.

Wir locken nicht, das steht fest. Eisern enthalten sich die Großeltern, auch nur mit einem Gutsel um Davids Gunst zu werben. Sind wir bei Bekannten eingeladen (die gesamte kinderreiche

Nachbarschaft gibt Babygesellschaften für David) und bekommen dann die gleichaltrigen Kinder ein Stück Kuchen oder ein Plätzchen, so kriegt David statt dessen eine harte Brotkruste in die Hand gedrückt, auf der er einstweilen noch ebenso vergnügt herumkaut wie die bedauernswert falsch ernährten Kinder auf ihren Süßigkeiten.

Einmal aber begibt es sich, daß er im selben Ställchen untergebracht wird wie die rothaarige kleine Tochter des Hauses. Es herrscht eitel Wohlwollen und Gastfreundschaft zwischen den beiden, bis der kleinen Anne ein Stück Schokoladenkuchen vom Tisch der Erwachsenen gereicht wird. Für David hat man gefälligerweise, wenn auch etwas befremdet, die übliche Brotrinde aus der Küche herbeigeholt.

Er übersieht ruhig die Lage, und auf einmal kommt ihm das Braune in der Hand des kleinen Mädchens erstrebenswerter vor, als das, was er selber hat, durchaus im Einklang mit dem Wesen der menschlichen Natur, wenn auch nicht mit dem unverbildeten Instinkt. Ohne zu zögern greift er nach dem, was er haben möchte, und eignet es sich an. Die verblüffte Anne ist erst versteinert, dann hebt sie zu brüllen an, wie es ihr gutes Recht ist angesichts des Gewaltaktes. Aber ehe jemand den Status quo wiederherstellen kann, ist der Sündenfall vollzogen. David hat den Schokoladenkuchen mit unglaublicher Geschwindigkeit, mit sichtlichem Wohlgefallen und mit Stumpf und Stiel aufgefressen.

Spät am Abend, wenn Davids Mutter bereits schläft, denn sie muß sich ja dranhalten, wenn sie zu ihrem Quantum Ruhe kommen will, spät am Abend sitze ich jetzt immer noch ein Stündchen auf Bens Bettrand und berichte ihm, was ich den Tag über Neues erlebt und gelernt habe. Er ist ja fünf Tage der Woche in der Stadt, und er soll doch auch teilhaben an dem beglückenden und zuweilen bestürzenden Erlebnis der Großelternschaft. So erzähle ich ihm denn von meinen Erfahrungen, auch von der des gelegentlich versagenden Instinktes. Wir lächeln und kopfschütteln miteinander. Manches kommt uns erstaunlich, manches ein bißchen verdreht vor, und es tut gut, alle diese Eindrücke miteinander zu teilen und sie am Ende des Tages gelassen ausklingen zu lassen. Es bleibt nicht aus, daß sich manchmal Besorgnis in die Heiterkeit mischt. Wie wird es hinausgehen mit der naiven Unbekümmertheit der jungen Mutter? Sie scheint gar nicht zu ahnen, daß auch einmal etwas schiefgehen kann. Wir erklären uns das mit der an sich beneidenswerten Lebenssicherheit junger Menschen, denen die Wirklichkeit des Todes noch so fern ist, weil sie seinen Einbruch in ihr eigenes Dasein noch nicht erlebt haben.

So will es Davids Mutter nicht glauben, daß man ein Kleinkind keinen Augenblick unbeobachtet auf dem Bett oder dem Wickeltisch liegenlassen darf, weil es durchaus schon beweglich genug ist, um dabei in Gefahr zu geraten. Tatsächlich passiert dann eines Tages auch das von der Großmutter befürchtete Malheur, aber glücklicherweise fällt David nur vom Bett und auf einen weichen Teppich. Es hätte auch anders ausgehen können.

Trotzdem, meint der Großvater, solle die Großmutter nicht zuviel mahnen. Sie hat leider wenig angeborenes Talent, den Mund zu halten, obwohl Ben bestätigen muß, daß sie sich heroisch bemüht. Er selbst tut sich leichter, er war ohnehin immer Philosoph. Aber beide haben zum Glück die Gabe des Humors, der sie davor bewahrt, die Dinge tragisch zu nehmen. Sie versichern einander, daß ja zu allen Zeiten Enkel gesund aufgewachsen sind (mit verhältnismäßig wenigen Ausnahmen), obwohl die sorgende Liebe der Großmutter es kaum für möglich gehalten hätte.

Eins übrigens wird in diesen Wochen des Besuches deutlich: obwohl Mutter und Großmutter von früh bis spät bemüht sind, Davids Wünsche zu erfüllen, während sich der Großvater, wenn er zu Hause ist, auf die Rolle des freundlichen Beobachters beschränkt, ist doch er es, dem augenscheinlich Davids besondere Zuneigung gilt. Er braucht nur ins Zimmer zu kommen, und der Enkel strahlt ihn an. Obwohl David noch allen Lebewesen wohlwollend gegenübersteht, die in seinen Gesichtskreis treten, macht er doch klare Unterscheidungen, und seine Zuneigung hat deutliche Nuancen. Der Großvater steht am Kopf seiner Liste, woraus ich mit Genugtuung schließe, daß das Kind bereits Menschenkenntnis besitzt.

Als Tochter und Enkel nach zwei ungetrübt glücklichen Wochen wieder abfliegen, sind die Großeltern um einige Erfahrungen und um viele Freuden reicher.

. . . aber Schweigen ist Gold

„Der Weise redet nicht", steht im Tao Te King.

Aber es wird leider behauptet, Frauen könnten nicht schweigen. Das ist wieder eine ebenso unfreundliche wie oberflächliche Verallgemeinerung, und wir werden uns dadurch nicht des Anspruchs begeben, im Sinne des alten Laotse als weise zu gelten! Ich persönlich habe ja bereits offen eingestanden, daß ich keine hervorragende Begabung zum Schweigen habe. Wieviel bewundernswerter, wenn ich mich trotzdem strebend darum bemühe. An Gelegenheit dazu fehlt es wahrlich nicht. Wenn irgend jemand es nötig hat, das Schweigen zu üben, so sind es wir Großmütter. Manchmal fühle ich mich versucht, der Schutzpatronin des Schweigens — es muß sie ja geben, denn wofür gibt es keinen Patron oder keine Patronin? — irgendwo in der Stille ein Kapellchen zu errichten, wohin denn Großmütter wallfahrten und sich ihrer Fürbitte versichern könnten. Sollte sie noch keinen Namen haben, so möchte ich Sancta Silentia vorschlagen.

Solange noch der Großvater seiner Frau zur Seite steht, ist es nicht einmal allzu schwer mit der hohen Kunst des Schweigens. Mit ihm, der die Gefährtin seit Jahrzehnten so genau kennt, daß er ihre Gedanken auch ohne Worte erraten würde, kann sie ohne Rückhalt alles bereden, was sich an Besorgnis, Fragen, Zweifeln und zuweilen auch Protest in ihr angesammelt hat.

Es ist aber eine traurige Tatsache, daß viele Großmütter das Geschick erfahren müssen, allein zu bleiben. Da steht sie dann, die gewohnt war, alles mit dem guten Kameraden zu teilen, ihn immer zu Trost, Zuspruch und Verständnis bereit zu finden; Dinge, die sie vielleicht zu gefühlsbetont und darum nicht ganz in den richtigen Proportionen sah, mit männlicher Sachlichkeit und freundlichem Humor an den richtigen Platz gerückt zu sehen. All das muß sie eines Tages entbehren, und in dieser größten Krise ihres Lebens befindet sie sich in der Lage eines Kapitäns, dessen Schiff sich anschickt, eine fremde Insel anzulaufen und dem just in dem Augenblick der Lotse fehlt, als er sich den Klippen und Brechern eines unerforschten Strandes nähert. Der unerforschte Strand ist die Großmutterschaft, denn noch immer gilt es, neue Entdeckungen zu machen, zumal die Großmutter, von der hier die Rede ist, jetzt in größerer Nähe des Enkels lebt und viel öfter mit ihm zusammenkommt als in den ersten einundeinhalb Jahren seines Lebens.

Die ersten Lektionen im Schweigen bekamen die meisten von uns schon als Schwiegermütter. Es heißt, daß Schwiegertöchter da ein größeres Problem sind als Schwiegersöhne. Die junge Frau ist es ja, die den Haushalt führt, die den großen Jungen, der gestern noch Mutters Junge war, nun bekocht, betreut, die für sein Wohlergehen verantwortlich ist und seinen Lebensstil auf einmal weitgehend bestimmt. Wie manches mag da vom Stil des Elternhauses abweichen, und für welche Mutter wäre es nicht eine Versuchung, gelegentlich ein gutgemeintes Wort dreinzureden. Welche müßte nicht erst lernen, herunterzuschlucken, was ihr auf der Zunge liegt, wenn sie in den jungen Haushalt hineinsieht.

Ich selber habe nur einen Schwiegersohn, was von Sachverständigen als weniger schwierig angesehen wird. Aber ich kann nicht leugnen, daß man auch da zuweilen Grund hat, der heiligen Silentia ein Stoßgebet zuzuschicken.

Wie es auch sei, wir haben schon die Grundbegriffe der Schweigekunst mitbekommen, und wir sind redlich bemüht, das Gelernte anzuwenden. Wir glauben, schweigen zu können wie ein Zisterziensermönch, was nicht bedeutet, daß unsere Kinder diesen Glauben teilen. Das kommt, weil sie nicht wissen, wieviel wir *nicht* sagen.

Wir haben uns zu der Erkenntnis durchgerungen, daß sie ihr eigenes Leben leben müssen, daß sie ihre eigenen Probleme nach ihren eigenen Rezepten zu lösen haben, wobei sie unseren Rat gut entbehren können, wie sie glauben. Wir wissen, daß wir nichts tun können, als sie lieben, sie gewähren lassen und das Beste hoffen.

Leicht ist das nicht, wenn man mit den Erfahrungen eines ganzen Lebens danebensteht und zusehen muß, was sie für überflüssige und manchmal törichte Umwege machen.

Und nun handelt es sich ja nicht mehr nur um die Kinder. Da ist der Enkel, unser Enkel, ein Kind, das doch auch uns angehört und für dessen Gedeihen wir mitverantwortlich sind. Oder etwa nicht? Es gibt Leute, die behaupten, das sei ja gerade der Vorteil der Großelternschaft, daß man keine Verantwortung mehr hätte und darum ganz ungetrübt und gewissermaßen als neutraler Beobachter die Freude an den Enkeln rein genießen könne. Diese Ansicht habe ich nie geteilt. Mit meiner Neutralität, das steht fest, ist es nicht weit her. Ich glaube nicht einmal an ihre Berechtigung. Müssen wir denn nicht warnen, wenn wir merken, daß etwas falsch gemacht wird mit dem Enkel? Sollen wir nicht dafür sorgen, daß der Brunnen zugedeckt wird, ehe das Kind hineingefallen ist? Und ist unsere Besorgnis nicht verständlich, wenn wir sehen, wie die jungen Eltern in blindem Enthusiasmus auf neue Methoden schwören, die bestimmt in zehn oder zwanzig Jahren genauso überholt sein werden, wie sie die unseren heute finden? Wie gern wären wir bereit, alles, was uns das Leben gelehrt hat, die Gültigkeit von ein paar einfachen Grundbegriffen, die unabhängig sind von heutigen und gestrigen und morgigen Theorien, schön bequem und greifbar vor sich hinzubreiten. — Nichts da! Mundhalten ist wichtiger, versichert man uns.

Warum? — Weil erwachsene Kinder dazu neigen, alles, was wir etwa sagen und raten, auch was als ganz unverbindliche Meinung geäußert wird, unter dem Vorzeichen der angemaßten Autorität aufzufassen. Oft kommt es mir vor, als würden die so oft bedauerten Scheidewände zwischen den Generationen viel eher von den Jungen als von den Alten errichtet. Sie haben eine Heidenangst davor, „hereingeredet" zu bekommen, und wir müssen uns danach richten.

Da mußt du es vielleicht mit ansehen, liebe Großmutter, daß Dinge, wie Regelmäßigkeit im Schlafen und Essen, eine feste, wenn auch nicht kleinliche Disziplin im Tagesablauf des heranwachsenden Kindes aus irgendwelchen Gründen als überflüssig, ja verhängnisvoll angesehen werden. Du lernst, daß man gegen das Daumenlutschen nichts unternehmen darf, weil es immer einen tiefen psychologischen Grund hat, wenn ein Kind lutscht. Du erfährst auch, daß es als verkehrt gilt, ein Kind frühzeitig mit gelindem Zwang zur Stubenreinheit zu erziehen. Das käme alles ganz von selbst, wird man dir erklären. Wenn aber Zwang angewendet würde, bildeten sich Hemmungen, mit denen man uns jetzt bange macht wie früher mit dem Schwarzen Mann. — Gott behüte uns, denkt die Großmutter, vor einer menschlichen Gesellschaft ohne Hemmungen!

Dies alles habe ich schon zur Kenntnis genommen. Obendrein wurde mir aus einem soeben erschienenen Artikel vorgelesen, daß fast alle Verdauungsbeschwerden, Magengeschwüre und dergleichen häßliche Dinge, mit denen sich der erwachsene Teil der Menschheit herumplagt, nervösen Ursprungs sind und davon herkommen, daß in der Kindheit der damit Behafteten die Körperfunktionen mit zuviel „unlustbetonten Assoziationen“ verknüpft waren.

Auch das Reinigen der Ohren gegen den ausdrücklichen Wunsch des Inhabers kann fürchterliche Wirkungen haben. Besser ungewaschene Ohren, so lautet der Glaubenssatz, als daß das Kind Schaden nähme an seiner Seele. Die Großmutter, erschrocken über die düstere Alternative, würde sich im Zweifelsfalle natürlich auch für Seele contra Ohren entscheiden, aber sie sieht den Zusammenhang nicht unbedingt ein. Im stillen mag sie auch denken, daß sich das Kind ja später im Leben mit noch ganz anderen Dingen wird auseinandersetzen müssen, ohne daß jemand danach fragt, wie sich seine Seele dazu verhält.

Nur kein Zwang! Das scheint das erste Gebot der heutigen Erziehungskoryphäen zu sein. Geht es denn aber ganz ohne Zwang? Da Disziplin doch einmal gelernt werden muß, solange wir in einer Gemeinschaft leben und nicht jeder ein komfortables Inselchen für sich allein hat, liegt die Frage nahe, ob das Kind sie nicht um so leichter lernt, je früher damit begonnen wird.

In europäischen Ländern, in Deutschland zumal, ist man noch nicht ganz so fortgeschritten, wie ich aus Briefen von Mitgroßmüttern weiß. Immerhin ist man auch dort nicht mehr entfernt so konsequent in den Forderungen, die man an Kinder stellt, wie man es noch vor dem Zweiten Weltkrieg war. Der Seufzer: „Wenn sie nur nicht so verwöhnt wären!" klingt aus fast allen Großmütterbriefen.

Die Erörterung all dieser Dinge sollte sich die Großmutter für Gespräche und Briefe mit Altersgenossen aufheben und die tröstliche Tatsache bedenken, daß nichts so heiß gegessen wird, wie es gekocht wird. Es besteht die Gefahr, daß sie durch Kritik die jungen Eltern erst recht auf den Weg der Opposition gegen das Althergebrachte treibt. Trotzdem werden ihr, wenn sie nicht geradezu ein Engel an Selbstbeherrschung ist, gelegentlich solche Fragen entschlüpfen, wie: „Sollte man nicht doch . . .?" „Meinst du nicht, es wäre besser, wenn . . .?"

Mir passiert es einmal bei Tisch, daß ich ganz spontan äußere: „Nimm den Löffel in die rechte Hand, David."

Und das ist ja nun ganz verkehrt. Niemals nämlich darf man einem Kind zureden, eine Hand zu bevorzugen, so werde ich alsbald zurechtgewiesen. Es muß selbst herausfinden, was ihm natürlich ist. Vielleicht ist es ein Linkshänder, und es wäre verhängnisvoll, das roh zu unterdrücken. Linkshänder kommen genausogut durchs Leben wie Rechtshänder, vorausgesetzt, daß man sie gewähren läßt. Sie werden später in der Schule links schreiben lernen, und niemand wird ein Aufhebens davon machen. Unterdrückt man aber die natürliche Anlage, so entstehen schwere innere Komplikationen.

Dabei erinnere ich mich, in den letzten Jahren hier einer ganzen Anzahl von Leuten begegnet zu sein, die links schrieben. Und da ich mir immer wieder sage, daß ich nicht an alten Vorurteilen eigensinnig festhalten darf, muß ich in diesem Falle der neueren Methode zustimmen. Soweit es mein gesunder Menschenverstand zuläßt, bin ich gern bereit, andere Ansichten anzuerkennen und Neues zu lernen. Schwer wird mir jedoch die Anerkennung unter anderem bei der Frage des Schlafengehens.

Niemand wird bestreiten, daß das heranwachsende Kind ein großes Quantum Schlaf braucht. Aber welches Kind ginge schon gern und freiwillig zu Bett, ehe es vor Müdigkeit buchstäblich umfällt? Ein Beweis dafür, daß es seine eigenen Bedürfnisse noch nicht genügend kennt und der Leitung bedarf. Nicht umsonst sind Schlaflieder und Zubettgehgeschichten eine universale Einrichtung, um diese Klippe zu überwinden.

Sieben Uhr, so dachte ich noch vor kurzem, sei auch jetzt noch die klassische Zubettgehzeit für Kleinkinder. Als ich wieder einmal in Davids Elternhaus zu Besuch bin, muß ich mich eines Besseren (oder Schlechteren) belehren lassen.

Nach dem Abendessen beginnt Davids lebhafteste Zeit. Es wäre nun (denke ich) angebracht, durch eine Erzählung oder durch ein gemeinsames ruhiges Spiel langsam die Unruhe des Tages abklingen zu lassen. Statt dessen wacht David mehr und mehr auf. Er tollt durch die Wohnung, was nach Ansicht der Eltern dazu beitragen soll, ihn schön müde und bettschwer zu machen. Genau das Gegenteil tritt ein. Manchmal gerät er in eine Art Taumel, wirft sein Spielzeug umher, lacht und quiekst, hupft wie ein Ziegenböckchen, dreht sich im Kreise, bis er schwindlig wird und umfällt, und findet das alles höchst vergnüglich und unterhaltend. Es ist längst sieben vorbei, es wird acht, und schließlich sagt die Mutter im Ton sanfter Überredung: „Möchtest du nicht ins Bett, David? Du bist doch sicher müde." — Gott bewahre, David ist nicht müde, er weist jeden Gedanken an Bett energisch von sich.

Der Vater, der sich erst eine Weile an dem Herumtollen des Sohnes beteiligt hat, hat längst damit aufgehört, denn *er* ist nun müde. Ja, im Grunde sind beide Eltern samt der Großmutter etwas erschöpft und hätten nichts dagegen, noch ein behaglich ruhiges Abendstündchen zusammen zu verbringen. Man müßte jetzt doch versuchen, David ins Bett zu befördern, bemerkt schließlich der Vater. Der Versuch mißlingt wieder. David lehnt es ab, die Frage auch nur zu erörtern, da er aus Erfahrung weiß, daß er mit passiver Resistenz immer noch einen Aufschub herausschlagen kann. Als es halb neun und endlich neun Uhr schlägt, muß denn doch etwas geschehen. Die Mutter tut, was sie vor einer, vor zwei Stunden schon hätte tun sollen: sie nimmt den widerstrebenden David auf den Arm und bringt ihn in sein Zimmer, wo sie ihn auszieht und zum Schlafen zurechtmacht. Unvermeidlich gibt es nun doch Kummer. Die Großmutter kann nicht umhin zu denken, wieviel einfacher für Eltern und Kind es wäre, wenn man mit freundlicher Festigkeit auf einer bestimmten Zeit bestünde.

Daß David todmüde ist, unterliegt keinem Zweifel. Aber die Erregung des wilden Spielens, die Unterdrückung der natürlichen Müdigkeit wirken noch so stark in ihm nach, daß sich die Mutter noch eine Weile mit ihm auf den eigens zu diesem Zweck angeschafften Schaukelstuhl im Kinderzimmer setzt und bei gelöschtem Licht ihn leise wiegend in Schlaf singt.

Die Großmutter unterdrückt einen Seufzer, denn selbst der wäre hier zuviel. Aber weil sie leider nur ein schwacher Mensch ist, entfährt ihr doch eines Abends um halb zehn, als sie die Tochter anruft und im Hintergrund noch Davids hellwaches Stimmchen krähen hört, unversehens der Ausruf: „Ja, ist denn David *noch* nicht im Bett?“

„Nein“, sagt seine Mutter seelenruhig, „er geht jetzt meist ziemlich spät schlafen und schläft dann morgens um so länger. Das ist zur Zeit seine Routine.“

Seine Routine! Wieder ein neuer Begriff. Nicht auszudenken, wenn drei kleine Kinder in einer Familie sind und jedes seine eigene Routine entwickelt, was das Schlafengehen betrifft.

Wir erlebten es vor einiger Zeit bei jungen Freunden, daß, als die Gäste nach dem Abendessen im Wohnzimmer zusammensaßen, plötzlich das mittlere der drei Kinder des Hauses, ein zu normaler Zeit und unter normalen Umständen besonders reizendes zweijähriges Mädchen, im Nachthemd erschien und sich uns zugesellte. Wahrscheinlich könne es nicht schlafen, erklärten die Eltern beiläufig. Nach einer Weile versuchte der Vater, das Kind wieder ins Bett zu bringen. Dreimal wiederholte sich das. Dreimal erschien es wieder, sprang umher, daß die Gläser klirrten, machte sich auf jede erdenkliche Weise unnütz und verhinderte jedes ruhige Gespräch der Erwachsenen, ohne daß drastische Maßnahmen ergriffen wurden. Außer den Großeltern des Kindes und mir schien niemand anzunehmen, daß man dem ein Ende machen müsse. Höchstens, daß der eine oder andere der jüngeren Gäste ein Gebet zum Himmel schickte für den ungestörten Schlaf der übrigen beiden Kinder. Diese jungen Leute hatten eben selbst Kinder und wußten genau, daß sich der gleiche Vorgang genauso bei einer Einladung in ihrem Hause wiederholen könnte. Es ist selbstverständlich, daß sowohl die Großeltern wie ich ein Beispiel vollendeter Schweigekunst gaben.

Wenn das Lob des Schweigens gesungen wird, dürfen wir nicht vergessen, die Großmütter zu ermahnen, auch anderen Großmüttern gegenüber Schweigen zu üben, wenn diese Hymnen auf die Vorzüge *ihrer* Enkel anstimmen. Es interessiert sie dann nämlich nicht, was dein Enkel für ein reizendes, begabtes, originelles Kind ist. Wie überhaupt, das wollen wir uns immer vor Augen halten, die Welt im großen und ganzen kein dringendes Bedürfnis empfindet, Enkelgeschichten erzählt zu bekommen oder die Photos fremder Enkel zu betrachten.

So heißt es also auch hier: Sancta Silentia, ora pro nobis!

Kinderhüten — nicht so einfach

Kinderhüten, älteste Beschäftigung der Großmütter! Damit wenigstens hat man noch nicht aufgeräumt, im Gegenteil, diese Funktion ist heute nötiger als je. Was sollen die jungen Eltern ohne dienstbaren Geist im Hause anfangen, wenn sie einmal abends ausgehen oder über ein Wochenende verreisen wollen? Als Ausweg bleibt der Babysitter, wie man hier sagt, oder die Großmutter. Babysitters müssen bezahlt werden, Großmütter „sitzen" umsonst.

So würde ich also den Kindern eine Hilfe sein und meine Daseinsberechtigung als Großmutter beweisen können, dachte ich. Bald nach meiner Übersiedlung nach Kalifornien unternahmen sie eine Hochgebirgstour mit ihrem Wanderklub, weit in die Wildnis der hohen Sierra, wo sie zwei Wochen auf keine Weise zu erreichen waren. Ich hatte gemeint, in dieser Zeit Kind, Hund

und Haus hüten zu können, aber das war ein Irrtum. Noch war ich für David ja eine Fremde. Zum Glück gibt es ein kinderloses älteres Ehepaar in der Nachbarschaft. Der weibliche Teil dieses Paares ist eine erfahrene Babysitterin, und seit Davids frühester Kindheit nahm sie ihn stets in ihre Obhut, wenn seine Eltern einmal ohne ihn unterwegs waren. Er kennt sie also gut und besucht sie fast täglich. Sie hat einen Fernsehapparat, einen Hund, drei Katzen und einen Mann, mit dem David noch inniger befreundet ist als mit ihr. Es lag auf der Hand, daß es das beste sein würde, ihr auch diesmal David wieder zu überlassen.

Aber wenn die Eltern zweimal im Monat zu den Zusammenkünften ihres Klubs nach Santa Barbara kommen, wo ich nun wohne, dann liegt doch nichts näher, als David zwischendurch bei mir abzugeben. Ich male mir aus, wie ich ihn füttern, baden, in seinen Pyjama stecken, noch ein halbes Stündchen Bilderbücher mit ihm ansehen und ihn dann im Gastzimmer schlafen legen werde. Wie schön, denke ich, wieder einmal an einem Kinderbett zu sitzen und Schlaflieder zu singen. Später würden ihn die Eltern abholen, schlafend in den Wagen tragen, und dann würde er auf dem Schoß der Mutter während der einstündigen Fahrt nach Hause friedlich weiterschlafen.

Beim ersten Versuch bin ich voller Zuversicht. Solange die Eltern da sind, geht auch alles gut.

„Weißt du was", sagt die Tochter, „wir lassen dir Prinz mit hier, das gibt David ein Gefühl von Zuhausesein." Prinz ist der große deutsche Schäferhund, unter dessen Obhut David aufgewachsen ist; ein altes, würdiges Tier mit der Geduld eines buddhistischen Heiligen. Obwohl ich keine Besorgnis habe, ist es doch ein gutes Gefühl, Davids vertrauten Freund dabeizuhaben.

Die Eltern gehen. David, der in ein Bilderbuch vertieft auf meinem Schoße sitzt, hört den Wagen draußen wegfahren, rutscht herunter, läuft an die Tür und lauscht. Als kein Zweifel bleibt, daß sie ohne ihn weggefahren sind, schiebt er seine Unterlippe vor, kämpft noch ein paar Minuten mit den Tränen, fängt aber dann leise zu weinen an.

Nun, das wird vorbeigehen. Man muß ihn nur ablenken. Ich lenke also ab. Wir spielen mit Prinz. Ich hole Dominosteine und ein anderes Bilderbuch herbei. Ich singe ihm etwas vor. Als alles nichts hilft, nehme ich die schluchzende kleine Gestalt an der Hand und gehe mit ihr ins Nachbarhaus, wo die beiden Kinder bäuchlings auf dem Teppich liegen, ganz versunken in ein Fernsehprogramm mit grotesk verzerrten Tieren, minderen Nachkommen der Mickymaus. Es ist mir nicht wohl dabei, daß ich zu der mechanisierten Unterhaltung meine Zuflucht nehme, die ich im Grunde meines Herzens ablehne. Aber sie verfehlt ihre Wirkung auf David nicht. Es mag etwas daran sein, wenn man den Fernsehapparat als den beliebtesten Babysitter der Vereinigten Staaten bezeichnet. Beliebt bei den Kindern. Ob es nicht ein allzu bequemer Ausweg für die geplagten Mütter ist, bei dem Niveau der meisten Programme, die da geboten werden, ist eine andere Frage.

Wie es auch sei, es bewegt sich etwas auf dem erleuchteten Schirm, es wird Musik dazu gemacht, und auch die Gegenwart der anderen Kinder mag beruhigend auf Davids Kummer wirken. Jedenfalls weint er nicht mehr und sitzt still, wenn auch nicht gerade heiter auf meinem Schoß. Manchmal steigt noch ein tiefer Seufzer aus seiner Brust, und die ganze Zeit lutscht er inbrünstig an seinem Daumen. Nach allen Regeln der neuen Kinderpsychologie könnte ich daraus allein schon schließen, wie unglücklich er ist, wenn ich es nicht auch ohnehin wüßte.

Schließlich kommt der Augenblick, wo das Programm zu Ende ist, und ich ziehe mich mit David wieder unter mein eigenes Dach zurück. Drüben erwartet uns der Hund und freut sich über unser Kommen nach der einsamen halben Stunde. David, meine ich, wird jetzt müde genug sein, sich ohne weitere Umstände ins Bett bringen zu lassen. Wie wenig weiß ich noch vom Umgang mit Enkeln!

Da es sieben Uhr ist, fange ich unter Begleitung von Schlafliedern an, ihn auszuziehen, zu waschen und in seinen Schlafanzug zu stecken, als wäre das die selbstverständlichste Sache von der Welt. David denkt augenscheinlich anders darüber. Es dauert eine Weile, bis meine ungeübten Hände ihn so verpackt haben, wie es für die Nacht nötig ist, und ich habe den Eindruck, daß alles an seinem richtigen Platz ist. Aber David fängt bei dieser Prozedur wieder zu weinen an, diesmal heftiger als zuvor. Ich kann nicht daran denken, ihn in dieser traurigen Verfassung in das fremde Bett zu legen und allein in dem fremden Zimmer zu lassen. Später wird er natürlich einmal lernen, daß bei der Großmutter bestimmte Regeln gelten.

Heute nehme ich ihn mit ins Wohnzimmer zurück und versuche, ihn auf meinem Schoß mit Gesang einzuschläfern. Dabei mache ich die Erfahrung, daß auf die alten Sagen doch kein rechter Verlaß ist. Hat man uns nicht von früher Jugend an erzählt, daß Orpheus es fertiggebracht habe, wilde Bestien mit Musik zu beruhigen? Mir gelingt es nicht einmal, ein winziges Bübchen damit zur Ruhe zu bringen. Vielleicht war des Orpheus' Gesang schöner als meiner, das wollen wir dahingestellt sein lassen. Jedenfalls scheint mein Singen David weder Trost noch Schlaflust zu bringen. Seine Tränen rinnen fort und fort.

Nicht einmal das uralte Geschäft des Kinderhütens sieht in der Praxis so einfach aus wie in der Theorie. David ist jetzt zwanzig Monate alt. Er bleibt nicht mehr, wie einst am Michigansee, ohne weiteres bei Leuten, die ihm nicht vom täglichen Umgang vertraut sind. Zum Glück habe ich gerade das Buch eines führenden Kinderpsychologen gelesen und daraus gelernt, daß von etwa eineinhalb Jahren an die meisten Kinder eine Phase durchmachen, in der die Bindung an die Mutter so stark ist, daß jede Trennung eine Katastrophe bedeutet. Phasen spielen überhaupt eine große Rolle in der heutigen Jugendpsychologie. Es gibt Leute, die behaupten, hierzulande gingen Kinder zwischen zehn und sechzehn Jahren von Zeit zu Zeit in die Bibliothek, um sich darüber zu unterrichten, in welcher Phase sie sich gerade zu befinden haben. Ein Elfjähriger, der, entgegengesetzt seiner sonst stark betonten Männlichkeit, plötzlich bei jedem Anlaß in Tränen ausbrach, antwortete mir auf meine Frage, wieso denn ein so großer Junge bei jedem Streit mit dem älteren

Bruder zu weinen anfange: „Ach, wissen Sie, das ist gerade so eine Phase.“

David befindet sich also zur Zeit in der Phase des Mutterkindes. Es heißt, daß von zwei Jahren an diese ausschließliche Bindung an die Mutter sich langsam lockert. Aber so lange kann ich nicht warten. *Jetzt* hat mein Enkelkind Kummer, und ich sitze machtlos dabei. Er weint nicht ungebärdig und böse, wie es viele andere Kinder in dieser Verfassung tun würden, sondern auf eine zurückhaltende, man möchte sagen beherrschte Art; fast wie ein Mann, der sich bemüht, den Ausbruch seines Schmerzes tapfer zu unterdrücken. Er rutscht von meinem Schoß, läuft wieder zur Tür, durch die die Eltern entschwunden sind und horcht mit einem herzzerbrechend verzweifelten Ausdruck in seinem sonst so heiteren kleinen Gesicht. Sein Schluchzen klingt jetzt so müde, daß man merkt, wie gern er schlafen würde; aber es geht einfach nicht in der fremden Umgebung.

Vielleicht hat er Hunger? Ich biete ihm eine Banane an, die er sonst so liebt. Er lehnt sie ab. Eine Flasche? Ich mache sie in der Küche zurecht, und David läßt sich herbei, ein wenig davon zu trinken, aber dann bricht sein Schmerz mit erneuter Gewalt hervor. Auf allen vieren kriecht er zu dem Hund, der friedlich auf dem Teppich schläft, legt sich neben das große Tier und bettet den Kopf auf die pelzige Flanke. So bleibt er liegen, halb kniend, das runde Hinterteil anklagend zur Decke erhoben, und schiebt den Daumen in den Mund. Ein trostloser Anblick.

Die Eltern bleiben aber auch schrecklich lange! denkt die nun ebenfalls am Ende ihrer Fassung angelangte Großmutter. Sie kommt sich völlig überflüssig vor. Eine Großmutter, die nicht einmal Enkel hüten kann, was soll man mit der noch anfangen?

Als die Eltern endlich kommen, finden sie beide in Tränen, Enkel und Großmutter.

„Er wird sich schon an dich gewöhnen", sagt die Tochter. „Mach dir nichts draus, das ist so eine Phase, die sie alle in dem Alter durchmachen."

Die Phase, ich wußte es ja. Aber es tröstet mich nicht. Zum Kuckuck mit den Phasen! Mein Enkelkind weint, wenn es mit mir allein gelassen wird; das ist schrecklich, und wenn es die Psychologen zehnmal normal finden. Gibt es denn nicht so etwas wie die Stimme des Blutes? Oder bin ich David etwa unsympathisch? Vielleicht habe ich einen schlechten Charakter, das hat bloß bisher noch niemand gemerkt? Kinder haben ein untrügliches Gefühl für so etwas.

Als ich in der nächsten Zeit verschiedene Großmütter nach ihren Erfahrungen frage, höre ich, daß sie alle ähnliches erlebt haben oder erleben, außer den wenigen, die ständig in nächster Nähe des Enkels sind. Und ich kann unmöglich all diese netten, freundlichen Frauen für schlechte Charaktere halten. Das stellt mein Selbstbewußtsein einigermaßen wieder her.

In der Folge verbringe ich öfter ein paar Tage in Davids Elternhaus und werde allmählich vertrauter mit ihm. Dabei ergibt es sich aber auch ganz von selbst, daß ich ihn bei aller Liebe etwas fester anfasse, als er es gewöhnt ist. Etwa bei der Morgentoilette. Er nennt zur Zeit alles, was ihm weh tut oder auch nur unbehaglich ist, „beißen". Und als ich ihm eines Tages trotz seines Protestes erst die Ohren wasche, dann die Haare gründlich kämme und bürste, läuft er zu seiner Mutter und beklagt sich: „Oma beißt Baby!" Solche kleinen Zwischenfälle ändern aber nichts daran, daß wir uns immer besser verstehen.

Trotzdem wollen die Eltern zunächst keinen Versuch mehr machen, ihn bei mir zu parken. Sie fürchten zu sehr, daß David sich aufregen würde, während ich der Ansicht bin, daß dies ja der einzige Weg wäre, ihn daran zu gewöhnen, und daß man nur die nötige Festigkeit dazu aufbringen müßte. Wieder einmal ist Gelegenheit, das Schweigen zu üben.

David selbst scheint genau zu wissen, worum

es sich handelt, wenn er mit den Eltern die Großmutter besucht, wonach er gelegentlich spontan verlangt. Gegen Besuche hat er nicht das geringste einzuwenden, es muß nur ganz klar sein, daß er nicht allein zurückgelassen wird. Jedesmal, wenn sich seine Eltern von mir verabschieden, entfaltet er eine bei ihm sonst ungewohnte Zärtlichkeit. Vom sicheren Arm der Mutter hält er mir sein Gesicht zum Kuß hin, winkt Lebewohl und küßt mich sogar, eine Kunst, die er erst kürzlich gelernt hat und nur sehr mit Auswahl anwendet. Bei dieser Gelegenheit tut er es ohne Aufforderung, als wolle er mir zeigen, daß er nichts gegen mich hat, aber unbedingt dem schrecklichen Schicksal entgehen möchte, von den Eltern allein bei mir gelassen zu werden.

Sicher wird jede Großmutter andere Mittel der Annäherung haben, von den verwerflichen Süßigkeiten angefangen, über gemeinsames Spielen, Spazierengehen und Singen zu den überall beliebten Bilderbüchern. David ist jetzt über zwei Jahre alt, und Sprache und Sprachverständnis machen von Woche zu Woche Fortschritte. „Buch!" ist sein erstes Wort, wenn er in mein Haus kommt. In seiner zielbewußten Art geht er sofort auf den Platz in meinem Arbeitszimmer los, wo seine Bücher stehen, holt eins heraus und legt es vor mich hin. Lange Zeit kann er es ruhig und gesammelt betrachten und immer wieder die gleichen Erklärungen dazu hören. Es *müssen* sogar stets die gleichen sein. Es handelt sich immer um dieselben drei oder vier Bücher und um dieselben Worte und Töne zu jedem Bild. Daß er es so und nicht anders haben will, scheint mir ein Verlangen des kindlichen Geistes nach Ordnung, Wahrheit und Klarheit auszudrücken. Vielleicht gehört es zur Aufgabe der Großmutter, diese Kinderwelt in ihrer Begrenzung zu schützen vor den vielfältigen Zerstreuungen, die heute von allen Seiten an sie herangebracht werden; vor dem Andrang von allzuviel Neuem, womit die schöne Geschlossenheit eher verwirrt als erweitert würde.

Bei den Büchern, die ich David zeige, handelt es sich in der Hauptsache um naturalistische Tierabbildungen, und es werden beim Betrachten alle Laute nachgeahmt, die den verschiedenen Geschöpfen eigen sind. Sehr bald kann David selber Auskunft geben über Namen und Stimme der dargestellten Tiere. Und schon auf dieser Stufe beginnt die Welt der Bücher eine dritte Dimension anzunehmen. Nachdem ich David einmal gesagt habe, daß das Kalb der großen Kuh, die da einsam auf der Wiese steht, wahrscheinlich in der Scheune im Hintergrund seinen Mittagsschlaf hält, ist das eine feststehende Tatsache für ihn. Damit hat er eine geistige Leistung vollbracht, nämlich die, auch Dinge wahrzunehmen, die auf dem Bild nicht zu sehen sind. Und das gerade macht den Unterschied aus zwischen einem Buch und einem Fernseh- oder Radioapparat. Man muß selber etwas dazutun, muß, wenn auch in bescheidenem Maße, selber schöpferisch werden, denken, die Einbildungskraft üben, während der Apparat fertig zubereitete Geisteskost verabfolgt, die nicht einmal mehr gekaut zu werden braucht.

Für David ist es nur ein Schritt von abgebildeten Tieren zu lebenden. Der Schäferhund Prinz hatte schon immer einen festen Platz in seinem Leben. Aber auch die Katzen bei seinem Babysitter und den schwarzen Kater Schnurri bei der Großmutter kennt und liebt er und verschwendet seine ganze Zärtlichkeit an sie, die sie nicht so recht zu schätzen wissen. Sie sind immer noch lieber als das schönste Bilderbuch. Vom Fenster aus beobachtet er Vögel, Katzen und Hunde auf der Straße. Im Garten verfolgt er Schmetterlinge, und es hält schwer, ihm beizubringen, daß diese bunten Flatterwesen nicht gestreichelt, nicht „begriffen“ werden wollen. Bei Autofahrten über Land entdeckt er Kühe, Pferde und Schafe oft lange, ehe wir sie sehen.

Sein Gesicht leuchtet dann auf, sein Finger weist hin, er ruft ihnen die Laute zu, die er zu ihnen gehörig weiß, und am frohesten ist er, wenn er aussteigen darf, um einen kleinen grauen Esel, ein Kaninchen, ein schwarzes Schaflamm zu streicheln. Noch nie hat er vor einem lebenden Wesen Angst gehabt. Selbst als ihm der Schnurri einmal mit den scharfen Krallen über die Hand fährt, weil er keine Lust hat, sich ans Herz drücken zu lassen; als ihn ein fremder Hund, den er unversehens von hinten anfaßt, in den Finger zwickt, ändert das nichts an seiner Überzeugung, daß Tiere zum Liebhaben da sind.

Das wenigstens, denkt die Großmutter, hat er von mir: diese elementare Verbundenheit mit allem Lebenden.

Bis David eines Tages unterwegs ein brummendes, nach Öl stinkendes, knirschendes Ungetüm von Maschine sieht: einen Zementmischer. Was daran seine Phantasie anspricht, bleibt uns Erwachsenen unerfindlich. Er erstarrt buchstäblich in hingerissenem Staunen und Schauen; er reckt sich den Hals aus, um das Ding möglichst lange zu beobachten, wie es da, schwarzen Qualm ausstoßend, über die Landstraße rollt. Zementmischer wird sein erstes zusammengesetztes Wort, und mehrmals täglich erhebt er nun die dringende Forderung, wieder dorthin gebracht zu werden, wo seine erste Begegnung mit der greulichen Radaumaschine stattfand.

Laßt uns hoffen, daß die Phase des Zementmischers vorübergehen wird wie alle anderen.

Trotz allem — nicht vergebens

Wenn man selbst Großmutter geworden ist, liegt es nahe, daß auch die Jugendgefährtinnen sich in der gleichen Lage befinden. Manche sind mir schon erheblich voraus. Ich bin, wenn nicht an Jahren, so doch als Großmutter, die Jüngste von ihnen, und da uns alle das Thema Enkel lebhaft beschäftigt, bleibt es nicht aus, daß viele Briefe hin und her über den Ozean, her und hin über den Kontinent davon handeln. Gern mache ich mir als Neuling die Erfahrungen der anderen zu eigen.

Es zeigt sich, daß ich nicht die einzige bin, die versucht, sich in dem Gewirr der neuen Methoden zurechtzufinden, die vorsichtig abwägen, das eigene Urteil revidieren und Schritt für Schritt eine klare Stellungnahme erobern muß. Aus fast allen Großmutterbriefen, so verschieden sie sonst sein mögen, klingt mehr oder weniger ein Ton von

Besorgnis. Oft ist diese Besorgnis begründet. Aber wir wollen nicht vergessen, daß auch wir als Mütter nicht unfehlbar waren und es selbst jetzt als Großmütter nicht sind. Da ich eine deutsche Großmutter bin, die in Amerika lebt, versuche ich, alles von zwei Seiten, von hüben und drüben, zu betrachten. Hier weitgehendes Gewährenlassen, drüben vielleicht noch etwas deutlicher die Spuren der älteren Methode. David ißt auch mit fast drei Jahren noch mit den Händen, was die meisten deutschen Eltern kaum durchgehen ließen. Nur zu Suppe und Speisen von ähnlicher Konsistenz bedient er sich recht geschickt eines Löffels. Aber Erbsen zum Beispiel, die er besonders liebt, nimmt er einzeln mit Daumen und Zeigefinger auf und schiebt sie sich in den Mund, wobei sein Gesicht einen konzentrierten und aufmerksamen Ausdruck hat. Wenn man bedenkt, daß es erwachsene Menschen gibt, die Erbsen mit dem Messer essen, muß man gerechterweise Davids Methode den Vorzug geben.

Wie viele Eltern klagen über Eßprobleme! Da gibt es Kummer und Tränen bei den Mahlzeiten, weil das Kind absolut nicht essen will. Nichts dergleichen bei David. Er wird niemals genötigt und ißt nach wie vor nur, was ihm zusagt. Kürzlich verspeiste er an meinem Tisch fünf Mandarinen zu einer Mahlzeit, ohne etwas anderes anzurühren. Kein Mensch verlor ein Wort darüber. Tatsächlich scheint sich das Gleichgewicht von selbst wieder herzustellen, indem er bei einer anderen Mahlzeit dann um so mehr Fleisch, Gemüse oder sonstiges zu sich nimmt. Wenn man sieht, wie prächtig er dabei gedeiht, verstummen alle großmütterlichen Einwände von selbst.

In dieser und in vielen anderen Beziehungen kann man sagen, daß sich auch in Europa viel gewandelt hat, seit wir unsere Kinder aufgezogen, und noch weit mehr, seit wir selbst aufgezogen wurden. Dort wie hier werden den Kindern jetzt mehr Freiheiten eingeräumt als früher. Die Psychoanalyse, der gefährlichste und verhängnisvollste Zweig der Psychologie, hat uns zu einigen Erkenntnissen verholfen, daneben aber in den Köpfen vieler Eltern und Erzieher eine heillose Verwirrung angerichtet.

Trotzdem gibt es Familien, die noch erstaunlich unberührt geblieben sind von den Meinungsverschiedenheiten, die sich zwischen Großeltern und „Kleineltern" aus dem Zusammenprall der verschiedenen Anschauungen so leicht ergeben. Da ist zum Beispiel meine Freundin aus dem hessischen Pfarrhaus, das sie seit vielen Jahren mit einer städtischen Wohnung vertauscht hat. Als ich ihr kürzlich schrieb, in meinem Großmutterbuch handele ein Kapitel vom Wert des Schweigens, fragte sie, wie das denn gemeint sei? Wem gegenüber meiner Ansicht nach die Großmutter schweigen müsse? Vielleicht zu den Erziehungsmethoden der Tochter oder Schwiegertochter? „Bei uns", fuhr sie fort, „spielt dieser Punkt keine Rolle, weil ich wegen meiner Ausbildung als Jugendleiterin in meiner Familie als Autorität gelte."

Nun, es wird wohl nicht nur wegen der Ausbildung als Jugendleiterin sein. Sie ist schlechterdings die Mustergroßmutter, die wir alle sein möchten, die moderne Abwandlung der geliebten, erfahrenen, weisen Matriarchin. Ihr angeborenes pädagogisches Talent bewährt sich jetzt bei ihren Enkeln so schön, wie es sich bei ihren Kindern bewährte. Man schickt ihr bei Umzügen oder Reisen der jungen Eltern ein bis sechs Enkel für Wochen ins Haus, und sie wird nicht nur mit dieser Aufgabe spielend fertig, die Kinder sind vom ersten Tage an glücklich bei ihr und dem Großvater, von Heimweh ist keine Rede. Kürzlich lagen einmal drei kleine Mädchen mit hohem Fieber bei ihr krank, und sie brachte es fertig, selbst diese Krankheitstage für die kleinen Patienten so unterhaltend zu machen, daß sie dann partout nicht aus dem Bett wollten, „weil wir doch die ganze Zeit so wunderschön gespielt haben"!

Ihre sechs Enkelinnen sind sich einig darüber,

daß niemand so gut Geschichten erzählen kann wie ihre Großmutter. Zu Geburtstagen muß sie nach Nord und Süd über Land fahren, weil keiner so herrliche Kindergesellschaften arrangieren und immer neue Spiele und hochdramatische Aufführungen ausdenken kann wie sie. Das kommt, weil sie trotz ihrer Jahre selbst noch eine kindliche Freude am Spielen und eine erstaunliche Unermüdlichkeit hat.

Außerdem hält sie noch Vorträge über Kindererziehung und alles, was damit zusammenhängt. Manchmal ergreift mich ein wenig Neid beim Lesen ihrer Briefe. Obwohl ich im allgemeinen von Autoritäten nicht viel halte, diese Art von Autorität würde ich mir ganz gern gefallen lassen, weil ich sie ebenso gesund wie naturgemäß finde. Aber sehen wir der Tatsache ins Auge: niemand betrachtet mich als Autorität in der Kinderstube. Nicht nur, daß ich kein pädagogisches Examen gemacht habe, ich halte auch keine Vorträge über Erziehung, und der Gedanke, eine Kindergesellschaft auf die Beine stellen und von A bis Z mitmachen zu müssen, erfüllt mich mit Schrecken. Ich schreibe nur Kinderbücher. Aber das ist natürlich keine Legitimation, bei der Erziehung um Rat gefragt zu werden.

In der hessischen Pfarrfrau haben wir das Beispiel der aktiven Großmutter, die an der Seite ihres Mannes selber noch in einem fruchtbaren und erfüllten Leben steht und dabei lebhaften Anteil hat am Leben der Kinder und Enkel, beratend, und, wo es nötig ist, auch korrigierend, aber ohne je ihre Meinung aufdrängen zu wollen.

Wer kennt nicht die andere Art Großmutter, die es nicht fertigbringt, sich auf ihr eigenes Leben zurückzuziehen und die Kinder ihren Weg gehen zu lassen?

In ländlichen Gemeinden treffen wir zum Glück immer noch die bäuerliche Großmutter, die von ihrem Altenteil aus Haus und Enkel betreut, wenn die jungen Eltern auf dem Feld, in Garten, Hof oder Stall beschäftigt sind. Da ist sie dann ein rechter Segen, wie sie es von eh und je und früher viel allgemeiner war. Sie hat keine eigenen Pläne und Ziele mehr, ist nur noch dienendes Glied der Familie, Hüterin der heranwachsenden Generation, die unter ihren wachsamen Augen und behutsamen, wenn auch oft gestrengen Händen aufwächst und deren Erziehung bis zum Schulalter häufig ganz der Großmutter überlassen bleibt. Sie ist es, die uns mit gelassenem Angesicht, in das ein langes Leben seine Linien gezeichnet hat, aus den Mütterbildern deutscher Maler entgegenblickt.

Es gibt auch die resignierte Großmutter, die sich an den Enkeln freut, aber auf eine mehr distanzierte Weise. Sie hat das Gefühl der Mitverantwortung für ihre Erziehung aufgegeben, weil man sie doch nicht daran teilhaben läßt.

Und schließlich gibt es Frauen, glücklicherweise in zunehmender Zahl, die ihr eigenes Leben da wieder aufnehmen, wo sie es an irgendeiner Stelle im Dienst der Familie einmal zurückstellen mußten. Sie finden zurück zu ihren eigenen Aufgaben und Interessen, und wohl ihnen, wenn sie auf irgendeinem Gebiet produktiv sein können. Sie wissen, daß erwachsene Kinder haben heißt selbständige Kinder haben, und sie werden finden, daß es etwas sehr Positives sein kann, wieder frei zu sein für die eigene Arbeit. „Ich weiß, Freiheit ist immer auch eine bittere Frucht", steht in einem Großmutterbrief, „aber was wäre unser Leben ohne sie?"

Bei all den verschiedenen Experimenten, die in den letzten beiden Jahrzehnten auf dem Gebiet der Erziehung angestellt wurden, fällt mir oft der alte chinesische Spruch ein: „Wenn aber ein verkehrter Mann das rechte Mittel gebraucht, so wirkt das rechte Mittel verkehrt." Auf den Erzieher also kommt es an, welcher Methode immer er sich auch bedienen mag — und darüber hinaus auf das seelische Klima des Elternhauses, die Nestwärme oder Wohnstubenkraft, wie es Pestalozzi genannt hat.

Wie schön und gut klingt das Wort. Man denkt dabei an ein Bild von Ludwig Richter oder an ein Gedicht von Matthias Claudius. Vielleicht liegt eine Aufgabe für die Großmutter darin, die Enkel etwas davon spüren zu lassen, wenn sie zu ihr kommen, da doch in so vielen jungen Familien bei dem heutigen Tempo und der rastlosen Geschäftigkeit nicht die rechten Vorbedingungen dazu da sind. Im Großelternhaus, das dem Getriebe der Welt schon mehr entrückt ist, mag die heile und heilende Atmosphäre von Ruhe und Geborgenheit die allzu wachen Kinder unserer schnellen und lauten Zeit je und je in die fruchtbare Dämmerung des Unbewußten zurückfinden lassen. Sie brauchen das nötiger als irgendeine Generation vor ihnen. Alles wirklich Wesentliche kommt ja aus der Stille, nicht aus dem Lärm; aus den verborgenen Quellen des Erspürens eher als aus dem grellen Licht des Erkennens. So mag denn auch im Umkreis der Großmutter die ganze Erziehungswissenschaft sich freundlich auflösen in uralte, zeitlose Erziehungsweisheit, in der nicht nur die Enkel gut aufgehoben, in die auch die Kinder liebend wieder einbezogen sind.

Bei aller Toleranz müssen wir freilich doch einmal fragen, was es denn eigentlich auf sich hat mit der so laut verkündeten Freiheit des Kindes. Gibt es eine Freiheit, die nicht überall auf Grenzen stößt, weil sie sich notwendig an Freiheit und Recht des Mitmenschen regulieren muß? Gleiches Recht für alle ist die Grundbedingung jeder Freiheit, in der Familie und im Leben. Unbeschränkte Freiheit des einzelnen wäre Anarchie. So dürfen wohl auch, möchte man denken, die Erwachsenen ein wenig Freiheit und Rücksicht verlangen, ja sie sollten es nicht nur in ihrem eigenen, sondern im Interesse der Kinder.

Auch moderne junge Eltern haben ja den Wunsch, ihre Kinder überall, wohin sie kommen, wohlgelitten zu sehen. Nun, dazu müssen sie Manieren gelernt haben, ohne das geht es nun einmal nicht. Wo gäbe es aber gute Manieren ohne Disziplin und wo Disziplin ohne heilsame Hemmungen?

Und ist es nicht so, daß Kinder sich unbewußt selber nach einem dauerhaften Halt, nach etwas Gültigem sehnen in dieser Welt der Unsicherheit und Bedrohung? Ist es nicht zu ihrem eigenen Besten unerläßlich, daß sie frühzeitig lernen, sich einzuordnen, Rücksicht zu nehmen, ja auch zu gehorchen?

Da haben wir ein paar der elementaren Regeln, von denen am Anfang die Rede war. Es ist tröstlich, sich daran zu erinnern, daß sie heute und morgen gelten, weil Ordnung und Gesetz sich schließlich immer wieder herstellen müssen, im

Weltgeschehen und in der Kinderstube. Und hier liegt wieder eine Aufgabe für die Großmutter: gelegentlich daran zu erinnern, wenn auch nicht mit Worten. Das Wirken im Nichthandeln ist eine Erkenntnis östlicher Weisheit. Aber auch unser Meister Ekkehard wußte schon um den Wert des Sichlassens. Es erwächst daraus ein Gewinn, der dem Alter eher erreichbar ist als der Jugend: die Fähigkeit, „mit dem Herzen zu hören".

Was bedeutet das für die Großmutter? Nichts weiter als das intuitive Erfassen dessen, was das Enkelkind gerade braucht: eine schöne Geschichte, ein Gespräch oder Schweigen; Milde oder Festigkeit, Heiterkeit oder Ernst, Ermutigung und Ansporn oder Mahnung zu Geduld und Überlegung.

Wie nötig mag dieses Hören mit dem Herzen etwa am Krankenbett des Enkels sein. Oder, wie mir eine Großmutter aus Massachusetts neulich schrieb, wenn das erste Enkelkind ein Geschwisterchen bekommt. Das Erstgeborene, sagt sie, muß ja nun plötzlich lernen, daß es nicht mehr das einzige ist. Das neue Baby bedeutet in jedem Fall eine Veränderung, oft eine Erschütterung seines bisher so ausschließlich umsorgten und umliebten Lebens. Wie gut, wenn dann die Großmutter da ist, ihm mit ungeteilter Liebe seine Einmaligkeit zu bestätigen, bis sich das Neugeborene langsam in die Selbstverständlichkeit seines Daseins einfügt. Ach ja, die Großmutter hat schon noch allerhand zu tun, auch in dieser Zeit, und auch wenn sie zu denen gehört, die wach und lebendig eigenen Aufgaben zugewandt sind.

Wie gern möchte ich, daß mein Haus eine Stätte der guten Nestwärme für die Enkel wird. Es ist ein stilles, kleines Haus am Fuß der hohen Berge, um deren Gipfel sich die Morgennebel sammeln, die vom Pazifischen Ozean heraufziehen, bis sie, wie mit dem Silberstift gezeichnet, im flimmernden Mittagslicht auf dem Hintergrund des strahlend blauen kalifornischen Himmels stehen. Ein Haus ohne Fernsehapparat ist es, und die Sensationen des Tages spielen keine große Rolle darin. Aber es gibt die langen Reihen der bunten Bücher und den bunten Garten, in dem jede sich öffnende Blüte ein bestauntes Wunder ist. Es gibt den Kater Schnurri, über Steine huschende Eidechsen, das süße Lied des Mocking Bird und die große Muschel, in der man das Meer rauschen hören kann.

Immer häufiger verlangt David nun schon, die Großmutter zu besuchen. „Oma gehn?" fragt er und legt erwartungsvoll den Kopf auf die Seite.

Seine Mutter hat in letzter Zeit manchmal ein kleines Wortspiel mit ihm getrieben, das so geht: „Was ist der Vater?" fragt sie, und David antwortet: „Ein Mann.“ — „Und die Mammi?“ — „Eine Dame.“ — „Und David?“ — „Ein Junge.“

Aber nun fällt es der Mutter eines Tages ein, ihn zu fragen, was denn die Großmutter sei. David muß darüber angestrengt nachdenken, bis schließlich sein Gesicht aufleuchtet.

„Buch!“ sagt er entschieden.

Das hat mich auf eine schwer zu erklärende Weise stolz und froh gemacht. Nicht nur, weil in meinem eigenen Leben Bücher viel bedeutet haben, seit ich denken kann. Nicht nur, weil ich selbst hin und wieder ein Buch schreibe. Ich weiß darüber hinaus, daß es eine gute, zuverlässige Welt ist, die Welt der Bücher, und daß ich ruhig sein kann, wenn der Enkel einmal darin zu Hause sein wird, wie es seine Großeltern waren. Aus dieser Heimat, die eine Heimat des Herzens und Geistes ist, kann man nicht so leicht vertrieben werden wie aus einem Heim aus Stein und Holz — und wie gern möchte ich den Enkeln noch den Weg dorthin weisen.

„Die Enkel“, sage ich jetzt schon, denn im Herbst werden es zwei sein, und wenn ich mit dem Herzen lausche, so höre ich mancherlei, was mir als Großmutter noch zu tun bleibt. Wieviel möchte ich diesen Kindern sagen, was ihnen sonst vielleicht keiner sagen wird. Ihnen von den Ahnen erzählen, damit sie nicht ganz in Vergessenheit sinken. Ihnen allmählich die deutsche Muttersprache vertraut machen. Ein Gedicht des Großvaters mit ihnen lesen. Sie die leise Innigkeit der Vorweihnachtszeit erleben lassen, die überall auf der Welt immer mehr vom Gerassel der Werbetrommel übertönt wird.

Vielleicht ist es mir beschieden, ihnen noch einmal die alte Heimat zu zeigen. Die Dome von Freiburg, Straßburg und Köln. Eine deutsche Dorfstraße am Abend mit dem Geruch von Holzrauch über rötlichen Dächern und dem Geläute von Kuhglocken. Die blaue Linie der Taunusberge vom Rand der ehemaligen Reichs- und Krönungsstadt Frankfurt und das aus Trümmern wiedererstandene Geburtshaus Goethes. Alte Märchen und Sagen möchte ich ihnen erzählen. Alte Spiele mit ihnen spielen. Alte Volkslieder mit ihnen singen. Den „Wilhelm Meister" und den „Grünen Heinrich" mit ihnen lesen. Aber auch Thomas Wolfes großen Lobgesang auf das immer noch junge Land, in dem sie aufwachsen: das Land der unermeßlichen Räume mit dem atemraubenden Abenteuer der noch ungezähmten Wildnis und dem nicht minder erstaunlichen Erlebnis der Riesenstädte. Das Land, in dem aus dem brodelnden Gemisch aller Rassen und Völker vielleicht eines Tages der freie Mensch geboren wird.

Lebt nicht so schnell, möchte ich ihnen sagen.

Nehmt euch Zeit für das, worauf es ankommt. Glaubt doch nicht an den neuen Götzen, der Lebensstandard heißt. Wer sich ihm verschreibt, von dem verlangt er mehr und mehr, den verschlingt er schließlich mit Haut und Haaren. Er ist wie der Böse in den alten Legenden, der euch die Herrlichkeit der Welt verspricht und nur eine Kleinigkeit dafür verlangt — nur eure Seele. Das Maß der Dinge ist in euch selber, ihr könnt es nicht errechnen aus den Zahlen, die auf einem Scheck stehen. Das Beste, das Wesentliche kommt anderswoher als aus dem trüben Quell des Geldes: es kommt aus Liebe, Ehrfurcht, Freundschaft. Es mag euch in einem Andante von Mozart begegnen oder in einem vollendeten Gedicht, im Blick von einem Berggipfel beim Morgendämmern, in dem Lächeln, das euch ein fremdes Kind schenkt. Das ist es, was einmal zählen und wiegen wird, wenn ihr die Summe eures Lebens zieht.

So und ähnlich unterhalte ich mich mit meinen Enkeln bei Nacht vor dem Einschlafen. Vielleicht, denke ich, werde ich doch etwas weitergeben können, was uns wichtig war; vielleicht nicht ganz vergebens eine Großmutter gewesen sein.

Und nun soll also David im Spätsommer ein Geschwisterchen bekommen. Eines Tages sagt seine Mutter zur Großmutter, daß es diesmal am Ende doch angebracht wäre, wenn sie die erste Zeit nach der Geburt des neuen Kindes kommen und helfen würde. „Die ersten Wochen sind nämlich schauderhaft anstrengend, weißt du", sagt sie. „Und nun ist ja obendrein noch David da, der versorgt werden muß."

Die Großmutter kommt sich vor, als habe sie einen Orden bekommen. Wofür, könnte sie nicht sagen, aber sie hat nichts dagegen, o nein!

„Kommst du?" fragt die Tochter.

Und sie antwortet: „Ich komme."

Die Originalausgabe erscheint im

HEIMERAN-VERLAG, MÜNCHEN

Die Großmutter und ihr erster Enkel

VON MARGOT BENARY-ISBERT
9. Auflage.

96 Seiten mit Vignetten von H. O. Buchner
Leinen DM 9.80

„Das gescheite, mit Abstand wahrenden Humor geschriebene Buch wird allen „Mitgroßmüttern“ aus dem Herzen gesprochen sein.“

Bücherei und Bildung

MARGOT BENARY-ISBERT

Das Abenteuer des Alterns

15. Auflage, 95.—104. Tausend, 210 Seiten,
Leinen 16.80 DM
(Ungekürzte Großdruckausgabe, 156 Seiten,
Leinen 16.80 DM)

. . . ein heitrer Abend krönt den reichen Tag

5. Auflage, 21.—26. Tausend, 238 Seiten,
Leinen 16.80 DM

Mädchen für alles

Sieben Jahre Sekretärin im Völkerkundemuseum
2. Auflage der neuen Ausgabe,
6.—9. Tausend, 208 Seiten, Leinen 16.80 DM

Ich reise mit meinen Enkeln

228 Seiten, Leinen 16.80 DM

Im Hause meines Großvaters

Neue Ausgabe von „Unter dem Sichelmond".
320 Seiten, Leinen 22.— DM

„. . . Man kann Margot Benary-Isberts Bücher dutzendweise verschenken und wird immer sicher sein, damit echte Freude zu machen." *Der Allgäuer, Kempten*

VERLAG JOSEF KNECHT
FRANKFURT AM MAIN